崇文国学普及文库

读古人书 友天下士
昌明国学 弘扬文化

大学·中庸

颜培金 王谦 注译

长江出版传媒 崇文书局

图书在版编目（CIP）数据

大学 中庸 / 颜培金，王谦注译 .
-- 武汉 : 崇文书局，2020.6
（崇文国学普及文库）
ISBN 978-7-5403-5666-8

Ⅰ . ①大…
Ⅱ . ①颜… ②王…
Ⅲ . ①儒家　②《大学》—注释　③《大学》—译文
　　④《中庸》—注释　⑤《中庸》—译文
Ⅳ . ① B222.1

中国版本图书馆 CIP 数据核字 (2019) 第 247421 号

大学·中庸

责任编辑	李利霞
装帧设计	刘嘉鹏　甘淑媛
出版发行	长江出版传媒　崇文书局
业务电话	027-87293001
印　　刷	武汉中科兴业印务有限公司
版　　次	2020年6月第1版
印　　次	2020年6月第1次印刷
开　　本	880×1230　1/32
印　　张	4.25
定　　价	28.80元

本书如有印装质量问题，可向承印厂调换

本作品之出版权（含电子版权）、发行权、改编权、翻译权等著作权以及本作品装帧设计的著作权均受我国著作权法及有关国际版权公约保护。任何非经我社许可的仿制、改编、转载、印刷、销售、传播之行为，我社将追究其法律责任。

版权所有，侵权必究。

总序

现代意义的"国学"概念,是在19世纪西学东渐的背景下,为了保存和弘扬中国优秀传统文化而提出来的。1935年,王缁尘在世界书局出版了《国学讲话》一书,第3页有这样一段说明:"庚子义和团一役以后,西洋势力益膨胀于中国,士人之研究西学者日益众,翻译西书者亦日益多,而哲学、伦理、政治诸说,皆异于旧有之学术。于是概称此种书籍曰'新学',而称固有之学术曰'旧学'矣。另一方面,不屑以旧学之名称我固有之学术,于是有发行杂志,名之曰《国粹学报》,以与西来之学术相抗。'国粹'之名随之而起。继则有识之士,以为中国固有之学术,未必尽为精粹也,于是将'保存国粹'之称,改为'整理国故',研究此项学术者称为'国故学'……"从"旧学"到"国故学",再到"国学",名称的改变意味着褒贬的不同,反映出身处内忧外患之中的近代诸多有识之士对中国优秀传统文化失落的忧思和希望民族振兴的宏大志愿。

从学术的角度看,国学的文献载体是经、史、子、集。崇文书局的这一套国学经典普及文库,就是从传统的经、史、子、集中精选出来的。属于经部的,如《诗经》《论语》《孟子》《周易》《大学》《中庸》《左传》;属于史部的,如《战国策》《史记》《三国志》《贞观政要》《资治通鉴》;属于子部的,如《道德经》《庄子》《孙子兵法》《鬼谷子》《世说新语》《颜氏家训》《容斋随笔》《本草纲目》《阅微草堂笔记》;属于集部的,如《楚辞》《唐诗三百首》《豪放词》《婉约词》《宋词三百首》《千家诗》《元曲三百首》《随园诗话》。这套书内容丰富,而分量适中。一个希望对中国优秀传统文化有所了解的人,读了这些书,一般说来,犯常识性错误的可能性就很小了。

崇文书局之所以出版这套国学经典普及文库,不只是为了普及国学常识,更重要的目的是,希望有助于国民素质的提高。在国学教育中,有一种倾向需要警惕,即把中国优秀的传统文化"博物馆化"。"博物馆化"是20世纪中叶美国学者列文森在《儒教中国及其现代命运》中提出的一个术语。列文森认为,中国传统文化在很多方面已经被博物馆化了。虽然中国传统的经典依然有人阅读,但这已不属于他们了。"不属于他们"的意思是说,这些东西没有生命力,在社会上没有起到提升我们生活品格的作用。很多人阅读古代经典,就像参观埃及文物一样。考古发掘出来的珍贵文物,和我们的生命没有多大的关系,和我们的生活没有多大关系,这就叫作博物馆化。"博物馆化"的国学经典是没有现实生命力的。要让国学经典恢复生命力,有效的方法是使之成为生活的一部分。崇文书局之所以强调普及,深意在此,期待读者在阅读这些经典时,努力用经典来指导自己的内外生活,努力做一个有高尚的人格境界的人。

国学经典的普及,既是当下国民教育的需要,也是中华民族健康发展的需要。章太炎曾指出,了解本民族文化的过程就是一个接受爱国主义教育的过程:"仆以为民族主义如稼穑然,要以史籍所载人物制度、地理风俗之类为之灌溉,则蔚然以兴矣。不然,徒知主义之可贵,而不知民族之可爱,吾恐其渐就萎黄也。"(《答铁铮》)优秀的传统文化中,那些与维护民族的生存、发展和社会进步密切相关的思想、感情,构成了一个民族的核心价值观。我们经常表彰"中国的脊梁",一个毋庸置疑的事实是,近代以前,"中国的脊梁"都是在传统的国学经典的熏陶下成长起来的。所以,读崇文书局的这一套国学经典普及读本，虽然不必正襟危坐，也不必总是花大块的时间，更不必像备考那样一字一句锱铢必较，但保持一种敬重的心态是完全必要的。

期待读者诸君喜欢这套书，期待读者诸君与这套书成为形影相随的朋友。

陈文新
（教育部长江学者特聘教授，武汉大学杰出教授）

前言

　　儒家文化是整个中华文明发展过程中的一项重要财富，其中，作为儒家经典中的"四书""五经"更是千百年来影响中华儿女成长的重要文化读物。不了解和学习这些经典读物，就不可能继承和发扬我们中华民族的优秀文化传统。

　　"四书"之成名始于宋代，但其中的《大学》和《中庸》之被重视却始于汉代。《大学》和《中庸》原都是《礼记》的一篇文章，因其思想的重要性而引起汉代人的格外重视，故而有以《诗》《书》《礼》《易》《春秋》等为"大经"，以《礼记》中的《大学》《中庸》与《论语》《孟子》合称为"小经"的提法。到了唐代，在韩愈等人的提倡下，《大学》和《中庸》已基本被认定为与《孟子》《易经》同样重要的经书。在宋代，程颢、程颐兄弟重提这种观点，极力提高《大学》和《中庸》在儒家经典中的地位，而与他们一脉相承的宋代大学者朱熹，更是大胆地将《大学》和《中庸》从《礼记》中抽出，使之与《论语》和《孟子》合称为"四书"。从此，"四书"之名完全确立，并成为了儒家最重要的经典和儒家子弟学习的基本教材。

　　《大学》总结了先秦儒家的伦理政治思想，系统阐发了儒家修身致道的原则和步骤，是一套"治国平天下"的理论。文中提出了三条基本原则（三纲）和八个方法步骤（八目），其中的"三纲"指的是明明德、亲民、止于至善，八目则指"格物""致知""诚意""正心""修身""齐家""治国""平天下"。《大学》认为，人具有与生俱来的美德，要发扬这些美德，从而达到至善的道德境界。具体来说，就是要一步步地做到"八目"中的格物、致知、诚意、正心、修身、齐家、治国、平天下。

《中庸》一书阐明了"诚"与"中"之全体大用，也是儒家思想的核心内容。"诚"指诚意，"中"指正心，两者正是《大学》中所提到的修身的前提，身修则德备，有德则有用，因而《大学》和《中庸》是相辅相成的，均是儒家修养中不可分割的一部分。《中庸》开篇即围绕"天命""性""道""教""慎独""中和"等重要命题开始阐述，指出道出于天，性自天命，君子慎独而恪守中庸之道，就能使天地万物各得其位，健康发展。另外，《中庸》中还提到了为政者要尊重贤人、恭敬大臣、爱护平民等思想，这都是极具现实意义的政治观点。

在"四书"中，《大学》和《中庸》是篇幅相对短小的两篇，但从其思想性上来说，其重要性并不次于《论语》和《孟子》。而且，了解《大学》《中庸》中的思想内容，对于学习孔孟的思想也是极有帮助的。

目 录

大 学

作者小传 ··· 3
前人赞语 ··· 5
朱熹原序 ··· 7
"经文" ·· 10
第一章　释"明明德" ·· 15
第二章　释"新民" ··· 17
第三章　释"止于至善" ······································ 19
第四章　释"本末" ··· 23
第五章　释"格物致知" ······································ 24
第六章　释"诚意" ··· 26
第七章　释"正心修身" ······································ 29
第八章　释"修身齐家" ······································ 31
第九章　释"齐家治国" ······································ 33
第十章　释"治国平天下" ··································· 38

中　庸

作者小传	51
前人赞语	53
朱熹原序	54
第一章　纲　领	56
第二章　知　人	60
第三章　正　心	61
第四章　正　心	62
第五章　修　身	63
第六章　审　问	64
第七章　明　道	65
第八章　正　心	66
第九章　正　心	67
第十章　明　道	68
第十一章　正　心	70
第十二章　知　物	71
第十三章　笃　行	73
第十四章　修　身	76
第十五章　齐　家	78
第十六章　齐　家	80
第十七章　知　天	82
第十八章　齐　家	84
第十九章　齐　家	87
第二十章　治　国	90

第二十一章　知　性	98
第二十二章　诚　意	99
第二十三章　诚　意	100
第二十四章　治　国	101
第二十五章　诚　意	103
第二十六章　博　学	104
第二十七章　修　身	107
第二十八章　明　道	109
第二十九章　明　辨	111
第 三十 章　知　法	114
第三十一章　修　身	116
第三十二章　诚　意	118
第三十三章　正　心	120

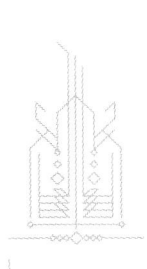

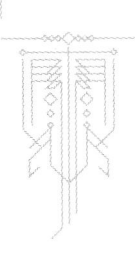

大学

作者小传

曾参,字子舆,生于公元前505年,卒于公元前436年,春秋末年鲁南武城(今山东平邑县)人,孔子著名弟子。

曾参之先祖为夏少康之子曲烈,封于鄫,经四代而至曾参。曾参父曾点亦受业于孔子,曾以"莫春者,春服既成,冠者五六人,童子六七人,浴乎沂,风乎舞雩,咏而归"的洒脱志向而得到孔子赞许,谓"吾与点也"。

曾参的家境并不富裕,他本人在青壮年时也没有脱离农事劳作,而且他母亲也是"男耕女织"的参加者。有一则小故事曾说到曾参的母亲织布时的情景:有一天,曾参的母亲正坐在炕沿上织布,突然有人走进来说,曾参在外面杀人了。曾母不相信自己的儿子会干出这种事来,所以手里的活儿一点也没停,根本没把那人的话放在心上。

另一则小故事更能说明曾参家庭经济的窘迫:有一次,曾参的妻子要到集市上去,为了不让儿子跟随,就说回来后杀猪给他吃,结果回来后却又舍不得杀了。可见,曾参的家庭生活确实还达不到"衣帛食肉"的程度。

曾参小孔子46岁,是孔子晚年的学生。其为人性格内向,处事谨慎,比较迟钝,被孔子评价为"参也鲁",但孔子的"一以贯之"的"忠恕之道"是由他首先揭示出来的。

曾参非常注意修身,倡导"吾日三省吾身"的内省功夫,认为替别人办事要讲"忠",与朋友交往要讲"信"。强调读书人应该弘扬仁道，说："士不可以不弘毅，任重而道远。仁以为己任，不亦重乎？死而后已，不亦远乎？"强调"君子"应该"动容貌""正颜色""出辞气"，而且"可以托六尺之孤，可以寄百里之命，临大节而不可夺"。同时，他又主张"君子思不出其位"，考虑问题不要越出自己的地位，甚至还要"犯而不校"，纵被欺侮也不去计较。

曾参以"孝"著称，认为"慎终，追远，民德归厚矣"。《史记·仲尼弟子列传》中记载："孔子以为能通孝道，故授之业。"据说，传世的《孝经》即是曾参所著。《孝经》在汉代和《论语》一起升格为儒家经典。《汉书·艺文志》著录《曾子》18篇，一般认为《大戴礼记》中有10篇是从《曾子》而来，亦多是阐发"孝道"的。

由于勤奋学习，曾参很快就学有所成，并且还谋到了官职。孔子去世后，曾参聚徒讲学，有不少弟子，相传他就是儒家子思、孟子一派的创始人。后来弟子日众，名声日著，齐国想迎他为相，楚国想迎他为令尹，晋国想迎他为上卿，他却一概不就任，而专心致力于忠、孝、仁、义的学习和传授弟子的教学活动，终于成为了一位有名的儒家大师。

曾参在孔门弟子中的地位原本不太高，不入"孔门十哲"之列，直到颜渊配享孔子后，他才被升为"十哲"之一。唐玄宗时追为"郕伯"。中唐以后，随着孟子地位的上升，曾参的地位也随之步步升高。北宋徽宗时加封为"武城侯"，南宋度宗时加封为"郕国公"，元至顺元年加封为"宗圣公"，到明世宗时改称为"宗圣"，地位仅次于"复圣"颜渊。

前人赞语

宋高宗绍兴十四年御制赞
大孝要道　用训群生　以纲百行　以通神明
因子侍师　答问成经　事亲之实　代为仪刑

宋大中祥符二年尚书右仆射张齐贤赞
孝乎惟孝　曾子称焉　唐虞比德　洙泗推贤
服膺授旨　终身拳拳　封峦饬赠　永耀青编

皇明山东巡抚陈凤梧圣贤道统曾子赞
守约以博　学恕以忠　圣门之传　独得其宗
一贯之旨　三省之功　格致诚正　万世所崇

小像赞
重远之器　壁立之仪　鲁哉参也　诚以自持
一趋一步　范我驱驰　身肩道统　迹印宣尼

孔曾授受图赞
聚彼群贤　姱才与质　七十三贤　惟曾入室
省身者三　贯道则一　衣钵宣尼　曰颜与曾

请所与图赞

孝也养志　奚必美炙　若以口体　风焉斯下
先意承之　方舜之驾　然诺家庭　声高太华

国朝圣祖仁皇帝御制赞

洙泗之传　鲁以得之　一贯曰唯　圣学在兹
明德新民　止善为期　格致诚正　均平以推
至德要道　百行所基　纂承统绪　修明训辞

朱熹原序

《大学》之书,古之大学所以教人之法也。盖自天降生民,则既莫不与之以仁义礼智之性矣。然其气质之禀或不能齐,是以不能皆有以知其性之所有而全之也。

一有聪明睿智能尽其性者出于其间,则天必命之以为亿兆之君师,使之治而教之,以复其性。此伏羲、神农、黄帝、尧、舜,所以继天立极,而司徒之职、典乐之官所由设也。

三代之隆,其法浸备,然后王宫、国都以及闾巷,莫不有学。人生八岁,则自王公以下,至于庶人之子弟,皆入小学,而教之以洒扫、应对、进退之节,礼乐、射御、书数之文;及其十有五年,则自天子之元子、众子,以至公、卿、大夫、元士之适子,与凡民之俊秀,皆入大学,而教之以穷理、正心、修己、治人之道。此又学校之教、大小之节所以分也。

夫以学校之设,其广如此,教之之术,其次第节目之详又如此,而其所以为教,则又皆本之人君躬行心得之余,不待求之民生日用彝伦之外,是以当世之人无不学。其学焉者,无不有以知其性分之所固有,职分之所当为,而各俛焉以尽其力。此古昔盛时所以治隆于上,俗美于下,而非后世之所能及也!

及周之衰,贤圣之君不作,学校之政不修,教化陵夷,风俗颓败,时则有若孔子之圣,而不得君师之位以行其政教,于是独取先王之法,诵而传之以诏后世。若《曲礼》《少仪》《内则》《弟子职》诸篇,固小学之支流余裔,而此篇者,则因小学之成功,以著大学之明法，外有以极其规模之大，而内有以尽其节目之详者也。三千之徒，盖莫不闻其说，而曾氏之传独得其宗，于是作为传义，以发其意。及孟子没而其传泯焉，则其书虽存，而知者鲜矣！

自是以来，俗儒记诵词章之习，其功倍于小学而无用；异端虚无寂灭之教，其高过于大学而无实。其他权谋术数，一切以就功名之说，与夫百家众技之流，所以惑世诬民、充塞仁义者，又纷然杂出乎其间。使其君子不幸而不得闻大道之要，其小人不幸而不得蒙至治之泽，晦盲否塞，反覆沉痼，以及五季之衰，而坏乱极矣！

天运循环，无往不复。宋德隆盛，治教休明。于是河南程氏两夫子出，而有以接乎孟氏之传。实始尊信此篇而表章之，既又为之次其简编，发其归趣，然后古者大学教人之法、圣经贤传之指，粲然复明于世。虽以熹之不敏，亦幸私淑而与有闻焉。顾其为书犹颇放失，是以忘其固陋，采而辑之，间亦窃附己意，补其阙略，以俟后之君子。极知僭逾，无所逃罪，然于国家化民成俗之意、学者修己治人之方，则未必无小补云。

淳熙己酉二月甲子，新安朱熹序

【程子提示】

子程子①曰："大学，孔氏②之遗书，而初学入德之门也。"于今可见古人为学次第者，独赖此篇之存，而论、孟次之。学者必由是而学焉，则庶乎其不差矣。

【注释】

① 子程子：前一个"子"，意为夫子、老师；后一个"子"，是对古代男子的尊称，意为先生。程子（1033—1107），名颐，字正

叔，后世称其为伊川先生，北宋著名哲学家、教育家，与其兄程颢同从师于著名学者周敦颐，并共同继承和发扬了周敦颐的理学思想，成为北宋理学的奠基人，世称"二程"。程颐从事讲学与著述三十余年，其学以"穷理"为主。
② 孔氏：指孔子。孔子（前551—前479），名丘，字仲尼，春秋末期鲁国（今山东曲阜）人，我国历史上最伟大的思想家、教育家，儒家学派的创始人。其先世为宋国贵族，避难于鲁；其父名纥，字叔，又称叔梁纥，以勇力著称于世。孔子少时贫贱，故"多能鄙事"，早年曾做过"委吏"（会计）和"乘田"（管理畜牧）等。孔子好学，相传曾问礼于老聃，学乐于苌弘，学琴于师襄等人。年轻时从事政治活动，因为政绩突出，五十岁时被升任为鲁国司寇，摄行宰相事务。晚年率徒周游宋、卫、蔡、陈、齐、楚等国，没能找到理想的施展才能的环境。回到鲁国后致力于教育，学生多达数千人，并整理《诗》《书》，删修《春秋》，现存《论语》记录了孔子的主要事迹及其言行，是研究孔子学说的主要资料。

【译文】

夫子程颐先生说：《大学》是孔子遗留下来的书，是开始学习文化、修习道德的入门典籍。如今人们还可以了解古人做学问的次序，主要是依赖这篇《大学》的存在，其次是依靠《论语》和《孟子》。做学问的人如果一定按照《大学》中的顺序去学习，那么学问基本上就差不多了。

"经文"

大学之道①,在明明德②,在亲民③,在止于至善④。

【注释】

① 大学之道:即大学的道理。大学,君子之学。道,儒家的重要思想范畴,一般指道理、原理、原则、纲领,也指一个人的人生观、世界观、政治主张或者思想体系。古人八岁入小学,主学识文应对之事;十五岁入大学,学习做人以及治国平天下的大道理。

② 明明德:前一个"明"作动词,意思是表明、彰明;后一个"明"为形容词,意为光明的,可以引申为美好的、良善的。儒家认为,人生来便具有善良的德性,即"明德",人们因为后天受到物欲的蒙惑,受到个人褊狭气质的约束,使明德受到抑制,此句即是说,人应该通过教化,通过自身修习,使自身的美好品德重新显露出来,发扬出来。

③ 亲民:亲,前人有两种解释。朱熹作"新"讲,指革新除旧的意思。亲民,是说人不但要自明其德,还要推己及人,使之去其旧污,做一个"新民"。明代人王阳明则取其原意,作"亲爱"讲。

④ 止于至善:达到至善的境地。止,即达到、做到之意;至善,善的最完美形式,即最善。此句是说,人对自己达到了"明明德",对人做到了"亲民",就达到了最善的人生境界。"明明德""亲民""止于至善"被称为"大学"的三纲领。

【译文】

《大学》中做学问的道理,在于发扬自身先天固有的善德,用这种善德来革新民心，以求达到最完美的境界。

知止①而后有定，定而后能静，静而后能安，安而后能虑，虑而后能得②。物有本末③，事有终始，知所先后④，则近道矣。

【注释】

① 知止：能够知道所应该达到的地步，亦即上文中所说的"止于至善"。
② 得：得到、获得，指达到至善的境界。《孟子·告子上》："心之官则思，思则得之，不思则不得也。"
③ 本末：指树木的根本与枝梢，用来比喻事物的先后、主次关系。
④ 知所先后：知道和把握道德修养的先后次序。

【译文】

知道所要达到的完美境界，而后才能够有确定的志向；有了确定的志向，而后才能够做到内心的宁静；做到内心宁静，而后才能够达到泰然安稳的心态；有了泰然安稳的心态，而后才能够行事思虑周详；行事思虑周详，而后才能够达到最完美的境界。事物都有其根本和末梢，事情都有其发端与结局，知道这其中的先后次序，那么也就接近做学问的大道理了。

古之欲明明德于天下者，先治其国①；欲治其国者，先齐其家②；欲齐其家者，先修其身③；欲修其身者，先正其心④；欲正其心者，先诚其意⑤；欲诚其意者，先致其知⑥。

【注释】

① 国：指各诸侯国。
② 齐其家：管理好自己的家室、家族。齐，整齐。家，大夫之家，也指有血缘关系的家族。

③ 修其身：修养陶冶自身的品德。
④ 正其心：端正自己的内心，指去除邪念，做到内心的清明。
⑤ 诚其意：指心意诚实不自欺。诚，诚实。意，意念，亦即内心的思想倾向。
⑥ 先致其知：首先使认识达到极致。指充分发挥思想意识的作用。

【译文】

　　古时，想要把自身的美好德性彰明于天下的人，首先要治理好自己的国家；想要治理好自己的国家，首先要管理好自己的家族；想要管理好自己的家族，首先要提高自身的道德修养；想要提高自身的道德修养，首先要端正自己的内心；想要端正自己的内心，首先要使自己的意念真诚；想要使自己的意念真诚，首先要探求并获得知识，使其到达极致。

　　致知在格物①。物格而后知至，知至而后意诚，意诚而后心正，心正而后身修，身修而后家齐，家齐而后国治，国治而后天下平。自天子以至于庶人②，壹是③皆以修身为本。

【注释】

① 格物：穷究物理。指通过与事物的深入接触，从而得到事物中所蕴涵的深刻道理。格，达到，至。格物连同其下的致知、诚意、正心、修身、齐家、治国、平天下，被称为《大学》的八条目。
② 庶人：百姓，平民。先秦时期指从事农业生产的人，秦以后泛指没有官职的平民。
③ 壹是：全部，一概。

【译文】

　　获得知识在于通晓事物中所蕴涵的道理。通晓事物中的道理，而后才能够达到认识的透彻；达到认识的透彻，而后才能够达到意念的真诚；达到意念的真诚，而后才能够做到内心的端正；做到内心的端正，而后才能够提高自身的修养；提高了自身的修养，而后才能够使家族安定；做到家族安定，而后才能够使国家得以治理；国家得以治理，而后才能够使天下太平。从天子到平民百姓，一概都需要把修养自身品德作为根本。

其本乱①而末治者否矣②，其所厚③者薄，而其所薄者厚，未之有④也！

【注释】

① 本乱：本性败坏。
② 否矣：不可能的事情。
③ 厚：尊重、敬重。其反义为"薄"，即轻薄、怠慢的意思。
④ 未之有：即"未有之"，没有的事情。

【译文】

一个品性败坏的人，却要他治理好家族、国家，以至使天下太平，那是不可能的；不分轻重缓急，本末倒置却想做好事情，这也是自古以来没有的。

【朱熹提示】

右经①一章，盖②孔子之言，而曾子③述之；其传④十章，则曾子之意而门人记之也。旧本颇有错简⑤，今因程子所定，而更考经文，别为序次如左⑥。

【注释】

① 经：经典。汉代起将孔子以及其他儒家的一些著作称之为"经"或"经典"。

② 盖：大概。
③ 曾子：即曾参（前505—前436），字子舆，孔子著名弟子。
④ 传：解释经文的文字。
⑤ 错简：古代的"书"是写在竹简上按次序串联编成的，竹简前后次序错乱即为错简。
⑥ 原文竖排，故为"左"，现改为横排，应为"下"或"后"。下同。

【译文】

　　前面是经文的第一章，大概是孔子的言论，由曾参口述的；十章传文则是曾参的见解，由曾参的学生记录下来的。旧书中多有文字错乱颠倒的地方，现在依照程颐先生的校正，再考证经文，分出章节的次序如后。

第一章 释"明明德"

《康诰》^①曰:"克明德^②。"
《大甲》^③曰:"顾諟天之明命^④。"
《帝典》^⑤曰:"克明峻德^⑥。"
皆^⑦自明也。

【注释】

① 《康诰》:《尚书·周书》中的篇名。《尚书》,原称《书》,又称《书经》,上古时期的重要历史文献,也是我国最早的一部史书,分虞书、夏书、商书、周书四个部分。康诰,是周公封康叔时所作的文告。
② 克明德:原句为"惟乃丕显考文王,克明德慎罚",是赞扬周文王的话。克,能够。
③ 《大甲》:即《太甲》,《尚书·商书》中的篇名。
④ 顾諟(shì)天之明命:原句为"伊尹作书曰,先王顾諟天之明命,以承上下神祇",是商代大臣伊尹告诫太甲的话。意为要顾念此上天所赋予的光辉使命。顾,思念。諟,是。明命,光辉的使命。
⑤ 《帝典》:即《尧典》,《尚书·虞书》中的篇名。
⑥ 克明峻德:原句为"帝典曰若稽古帝尧……克明俊德,以亲九族"。峻,《尚书》作"俊",意为广大、崇高。
⑦ 皆:指上面所引的几段文字。

【译文】

《尚书·周书·康诰》上说:"(周文王)能够彰明德性。"

《尚书·商书·大甲》上说:"(太甲)应该顾念此上天所赋予的光辉使命。"

《尚书·虞书·帝典》上说:"(若稽)能够彰明崇高的德性。"

这些都是说要彰明自己的美德。

【朱熹提示】

右传之首章,释"明明德"。

【译文】

前面一段是传文的第一章,解释的是"明明德"。

第二章　释"新民"

汤①之《盘铭》②曰:"苟日新,日日新,又日新③。"
《康诰》曰:"作新民④。"
《诗》⑤曰:"周虽旧邦,其命惟新⑥。"
是故,君子无所不用其极⑦。

【注释】

① 汤:即成汤,商朝开国君主。
② 《盘铭》:成汤刻在沐盆上用来警示自己的文辞。盘,沐盆。铭,铭刻在器皿上用以警示的文辞。
③ 苟日新,日日新,又日新:意思是说假如一天能够自新,则应该天天自新,不可间断。苟,假如,倘若。新,指洗去身体上的污垢,焕然一新,引申为品德修养上的弃旧图新。
④ 作新民:意为振作精神,做一个新的人。作,振作,鼓励。原句为:"己,汝惟小子,乃服惟弘王,应保殷民。亦惟助王宅天命,作新民。"
⑤ 《诗》:即《诗经》,我国最早的诗歌总集,分为"风""雅""颂"三个部分,反映了西周初年至春秋中期的整个社会风貌。
⑥ 周虽旧邦,其命惟新:出自《诗经·大雅·文王》篇,是赞美周文王的诗句,意为周虽然是一个古老的诸侯邦国,但它承受的天命却是要使国家更新法度,使人民个个自新。
⑦ 无所不用其极:无论处于什么环境,无不尽心竭力去努力,以达到完善。极,顶点。

【译文】

商汤的《盘铭》上说:"假若有一天自己焕然一新,就能够天天焕然一新,每天都焕然一新。"

《尚书·周书·康诰》上说:"鼓励人们除旧布新。"

《诗经·大雅·文王》中说:"周虽然是个旧诸侯邦国,却能够承受天命,自我更新。"

因此,君子无论处在何时何处,都应该努力达到尽善尽美的境界。

【朱熹提示】

右传之二章,释"新民"。

【译文】

前面一段是传文的第二章,解释的是"新民"。

第三章 释"止于至善"

《诗》云:"邦畿千里,惟民所止①。"

《诗》云:"缗蛮黄鸟,止于丘隅②。"子③曰:"于④止,知其所止,可以人而不如鸟乎!"

《诗》云:"穆穆文王,于缉熙敬止⑤!"

为人君,止于仁;为人臣,止于敬;为人子,止于孝;为人父,止于慈;与国人交,止于信。

【注释】

① 邦畿(jī)千里,惟民所止:出自《诗经·商颂·玄鸟》。邦畿,天子居住的都城及其周围的地域。止,居住。此句意为,国都周围千里,都是百姓所居之处。
② 缗(mín)蛮黄鸟,止于丘隅:出自《诗经·小雅·绵蛮》。缗蛮,即绵蛮,鸟的鸣叫声。丘隅,山的一角。止,栖息。此句意为,叽叽喳喳的小黄鸟,栖息在山角林中。
③ 子:即孔子。
④ 于:叹词。
⑤ 穆穆文王,于缉熙敬止:出自《诗经·大雅·文王》。穆穆,仪态端庄恭敬。文王,即周文王。缉,继续。熙,光明。

【译文】

《诗经·商颂·玄鸟》中说:"国都附近方圆千里,是百姓所居住之处。"

《诗经·小雅·绵蛮》中说:"叽叽喳喳的黄鸟儿,喜欢停息在那山角上。"孔子说:"啊,黄鸟都知道它应该栖息的地方,人怎么可以比不上鸟儿呢!"

《诗经·大雅·文王》中说:"庄重恭敬的文王,发扬自己的美德,直至符合天命的安排。"

作为国君,要做到仁爱;作为臣子,要做到恭敬;作为儿子,要做到孝顺;作为父亲,要做到慈爱;与国人交往,要做到诚信。

《诗》云:"瞻彼淇澳,菉竹猗猗。有斐君子,如切如磋,如琢如磨。瑟兮僩兮,赫兮喧兮。有斐君子,终不可谖兮①。"

"如切如磋"者,道学②也;"如琢如磨"者,自修③也;"瑟兮僩兮"者,恂慄④也;"赫兮喧兮"者,威仪⑤也;"有斐君子,终不可谖兮"者,道盛德至善⑥,民之不能忘也。

【注释】

① "《诗》云"句:出自《诗经·卫风·淇澳(yù)》。瞻,看望,注视。淇,淇水,在今河南省北部。澳,水边。猗猗,植物茂盛的样子。斐,文采。切,切割。磋,磨光。琢,雕琢。瑟,庄重。僩(xiàn),胸怀开阔。赫,显耀。喧,通"煊",盛大之貌。谖(xuān),《诗经》上为"谖",遗忘。

② 道学:道,言,说。学,讲习,讨论。

③ 自修:自我反省。

④ 恂慄(xúnlì):因恐惧而发抖。指内心有所畏惧。

⑤ 威仪:仪表威严。

⑥ 道盛德至善:指君子的道德已至盛大,到了最善的地步。

【译文】

《诗经·卫风·淇澳》中说:"看那淇水弯弯的河畔,碧绿的竹子茂盛婀娜。那个有文采的君子,就像那切磋后的骨器,雕磨过的玉石。

他的仪态庄重而开朗，品德正大而光明。那个文采的君子，使人永远不能遗忘。"

"如切如磋"，是说君子的精研求学；"如琢如磨"，是说君子的品德修养；"瑟兮僩兮"，是说君子的内心谨慎；"赫兮喧兮"，是说君子的仪表威严。"有斐君子,终不可諠兮"，是说君子的品德高尚，已经达到了最善的境界，人们当然难以忘怀。

《诗》云："於戏，前王不忘①！"
君子贤其贤而亲其亲②，小人乐其乐而利其利③，此以④没世不忘也。

【注释】

① 於戏（wūhū），前王不忘：出自《诗经·周颂·烈文》。於戏，叹词。前王，指周文王、周武王。此句是赞叹前世圣王的德泽流传深远，使人不能忘怀之意。
② 君子贤其贤而亲其亲：君子，贵族，这里指后世贤君。贤其贤，前"贤"字作动词，意为尊贵、敬重，后"贤"字为名词，指贤明的君子。亲其亲，前"亲"字作动词，意为亲爱、亲近，后"亲"字为名词，指亲属、亲族。
③ 小人乐其乐而利其利：小人，这里指后世的百姓。乐其乐，前"乐"字为动词，意为以贤王之乐为快乐。利其利，前"利"字为动词，意为得到实惠。
④ 此以：因此。

【译文】

《诗经·周颂·烈文》中说："啊，前代贤王的美德，让人没世不忘！"

后世的贤王都能效法前王，尊重贤明的君子，亲近自己的亲人；

百姓以贤王的快乐为快乐，又能得到贤王的恩泽。因此，前代贤王虽然不在了，但人们终不会忘记他们。

【朱熹补文】

右传之三章，释"止于至善"。

【译文】

以上一段是传文的第三章，解释的是"止于至善"。

第四章 释"本末"

子曰:"听讼,吾犹人也,必也使无讼乎①!"
无情②者,不得尽其辞③。大畏民志④,此谓知本⑤。

【注释】
① "子曰"句:出自《论语·颜渊》。听,听取。讼,诉讼。犹人,指和别人一样。必也使无讼乎,儒家注重以礼教感化人心,使人人自觉向善,从而达到整个社会的和谐发展。
② 情:指真实情况。
③ 尽其辞:尽情陈述虚诞不实之辞。
④ 民志:民心。
⑤ 知本:知道道理的根本。

【译文】
孔子说:"审理案件,我的方法也和别人一样。一定要使诉讼不再发生才好。"
要让隐瞒实情的人不敢尽情地编造谎言,要使民心畏服,这就叫作知道根本。

【朱熹提示】
右传之四章,释"本末"。

【译文】
以上一段是传文的第四章,解释的是"本末"。

第五章　释"格物致知"

此谓知本①，此谓知之至也②。

【注释】
① 此谓知本：此句与上文重复，程颐认为是多出之语。
② 此谓知之至也：朱熹认为此句之上别有阙文，大概在流传时遗漏了，所以他按照他本人和程颐的观点，在此句后补了一段文字，解释了经文中"格物致知"的问题。朱熹的"格物致知"章虽是补文，但对于后人学习和理解《大学》原文是很有帮助的。

【译文】
这就是懂得道理的根本，这就是认识的最高境界了。

【朱熹补文】
右传之五章，盖释格物、致知之义，而今亡①矣。闲尝②窃③取程子之意以补之，曰："所谓致知在格物者，言欲致吾之知，在即物而穷其理也。盖人心之灵莫不有知，而天下之物莫不有理，惟于理有未穷，故其知有不尽也。是以《大学》始教，必使学者即凡天下之物，莫不因其已知之理而益穷之，以求至乎其极。至于用力之久，而一旦豁然贯通④焉，则众物之表里精粗无不到，而吾心之全体大用无不明矣。此谓物格，此谓知之至也。"

【注释】
① 亡：遗失，缺失。

② 尝：曾经。
③ 窃：私自。
④ 豁然贯通：突然领悟、融会贯通其中的道理。

【译文】

上面一段是传文的第五章，是解释"格物致知"的意义的，然而"传"的原文现今已经缺失了。我闲来曾私自采用程颐先生的观点，把它补足如下："经文中所说的'致知在格物'的意思，是说我们想要达到认识的极致，在于接触事物并极力探求其中的道理。一般地说，人们的头脑是灵敏的，无不有认识事物的能力，而天下的事物也无不包含着各种道理。只是对于这些道理有的人还没有穷尽，所以他们的认识才有些不完全。因此，《大学》首先教导的是，一定要让那些做学问的人接触天下所有事物，无不根据他们已经认识的道理，而进一步深入探求，以求达到认识的极致。如此长期努力，而一旦突然领悟，那么，一切事物的表象与内涵、微观与宏观，没有认识不到的；而我们的认识在总体的运用上也无不洞察明白了。这就叫作认识事物，这就叫作认识的极致。"

第六章　释"诚意"

所谓诚其意①者，毋②自欺也，如恶恶臭③，如好好色④。此之谓自谦⑤，故君子必慎其独⑥也。

【注释】

① 诚其意：使意念诚实。诚，使动用法。
② 毋（wù）：不要。
③ 恶（wù）恶臭（èxiù）：前一个"恶"是动词，意为讨厌、厌恶。恶臭，污秽的气味。
④ 好好色：前一个"好（hào）"为动词，意为喜好、喜欢。色，女色、女子。好好色，喜欢美丽的女子。
⑤ 谦：同"慊（qiè）"，满足，惬意。
⑥ 慎其独：即慎独，儒家要求的君子修养之一，指一个人在独处时也一定要小心谨慎。

【译文】

所谓使自己的意念诚实，就是说不要自己欺骗自己，就像碰到污秽的气味就厌恶，碰到美丽的女子就喜欢一样。这就叫作自求安愉满足，所以，君子在独处之时，也一定要十分谨慎。

小人①闲居②为不善，无所不至，见君子而后厌然③，揜其不善④，而著其善⑤。人之视己，如见其肺肝然，则何益⑥矣？此谓诚于中⑦，形于外，故君子必慎其独也。

【注释】

① 小人：坏人，自身修养不高的人。
② 闲居：这里指独处之时。
③ 厌（yā）然：遮遮掩掩的样子。
④ 揜（yǎn）其不善：揜，通"掩"，掩藏。意思是小人虽为不善，但一见到君子，就觉察到了自己行为的不好，所以要把自己不善的一面掩藏起来。
⑤ 著其善：把好的地方显露出来。著，显露，显明。
⑥ 何益：有什么好处。
⑦ 诚于中：心中意念真诚。

【译文】

　　小人闲居独处时，容易做坏事，什么坏事都做得出来；当遇到道德君子，他们就会遮遮掩掩的，将自己不好的方面掩藏起来，而将好的方面显露出来。别人看他的伪善，就像看到了他的肺肝一样，即使遮掩，又有什么用处呢？这就叫作内心意念真诚，一定会在外表上表露出来，所以君子在独处时也一定要十分谨慎。

　　曾子曰："十目所视，十手所指，其严乎！"
　　富润屋，德润身，心广体胖，故君子必诚其意。

【译文】

　　曾子说："很多双眼睛在盯着他，很多只手在指责他，这还不是严厉的监督吗？"
　　财富可以用来装饰房屋，道德能够用来修身养性，这样胸襟开阔，才会身体舒泰，所以君子一定要使自己的意念真诚。

【朱熹提示】

右传之六章,释"诚意"。

【译文】

上面一段是传文的第六章,解释的是"诚意"。

第七章 释"正心修身"

所谓修身在正其心者。身有所忿懥①,则不得其正;有所恐惧②,则不得其正;有所好乐③,则不得其正;有所忧患④,则不得其正。

【注释】
① 忿懥(zhì):愤懑,愤怒。
② 恐惧:害怕、畏惧。
③ 好乐:喜好、欢乐。
④ 忧患:忧虑、担心。

【译文】
所谓修养自身的品德,在于端正自己的内心。自身有所愤怒,内心就不能端正;自身有所畏惧,内心就不能端正;自身有所好乐,内心就不能端正;自身有所忧虑,内心就不能端正。

心不在焉①,视而不见,听而不闻,食而不知其味。此谓修身在正其心。

【注释】
① 心不在焉:心思不在这里,指用心不专注。

【译文】
心思不在这里,看东西就看不到眼里,听声音就听不到耳朵里,吃东西也辨不出滋味来。这就叫作修养自身品德在于端正自己的内心。

【朱熹提示】

右传之七章，释"正心修身"。

【译文】

上面一段是传文的第七章，解释的是"正心修身"。

第八章　释"修身齐家"

所谓齐其家在修其身者：人之其所亲爱而辟①焉，之其所贱恶②而辟焉，之其所畏敬③而辟焉，之其所哀矜④而辟焉，之其所敖惰⑤而辟焉。故好而知其恶，恶而知其美者，天下鲜矣。

【注释】

① 辟（pì）：偏激。
② 贱恶：看不起、厌恶。
③ 畏敬：害怕、敬重。
④ 哀矜（jīn）：同情、怜惜。
⑤ 敖惰：骄傲、懒惰。

【译文】

所谓治理自己的家族在于修养自身的品德是因为：人们对于自己所亲爱的人往往会偏爱，对于自己所讨厌的人往往会偏恶，对于自己所敬畏的人往往会偏敬，对于自己所同情的人往往会偏护，对于自己所轻视的人往往会偏傲。因此喜欢一个人而知道他不好的方面，讨厌一个人而又知道他好的方面，这样的人天下少有啊。

故谚有之曰："人莫知其子之恶，莫知其苗之硕①。"此谓身不修，不可以齐其家。

【注释】

① 人莫知其子之恶，莫知其苗之硕：意思是说，人对于自己的子女

总是偏爱的,因为过分溺爱而不知道他们的恶处;人对于自己所种的禾苗也总是偏爱的,因为偏爱而希望它们长得壮硕,所以总是觉得自家的禾苗长得不好。

【译文】

所以有句谚语这样说:"人们没有知道自己孩子的缺点的,没有知道自家禾苗的茁壮的。"这就叫作不修养自身的品德,就不能够治理好自己的家族。

【朱熹提示】

右传之八章,释"修身齐家"。

【译文】

上面一段是传文的第八章,解释的是"修身齐家"。

第九章　释"齐家治国"

所谓治国必先齐其家者：其家不可教而能教人者，无之，故君子不出家而成教①于国。孝②者，所以事君也；弟③者，所以事长④也；慈⑤者，所以使众也。

【注释】

① 成教：成功地教育、教化。
② 孝：孝顺，儒家重要道德规范之一。
③ 弟：同"悌（tì）"，敬爱哥哥。儒家重要道德规范之一。
④ 长：兄长，也可指上司、长官。
⑤ 慈：父母爱子女，也指君王爱民众。

【译文】

所谓治理好国家首先要治理好自己的家族：自己的家族没有教育好，而能教育好别人的，那是没有的事，所以君子不出家族也能成功地教化于国民。家族中所讲求的孝道，就是用来侍奉国君的道理；尊敬兄长，就是用来侍奉长官的道理；爱护子女，就是用来役使民众的道理。

《康诰》曰："如保赤子①。"
心诚求之，虽不中②，不远矣。未有学养子而后嫁者也。

【注释】

① 如保赤子：《尚书·周书·康诰》篇中为"若保赤子"，是周成

王告诫康叔的话，意思是保护民众要像母亲养护幼儿一样。

② 中（zhòng）：中节，符合。

【译文】

《尚书·周书·康诰》中说："爱护民众要像母亲养护自己的幼儿一样。"

内心真诚地去追求爱护民众的理想，即使不能完全符合，也不会相差太远。还没有见过先学习抚养孩子然后才出嫁的女子。

一家仁①，一国兴②仁；一家让③，一国兴让；一人贪戾④，一国作乱。其机⑤如此。此谓一言偾事⑥，一人⑦定国。

【注释】

① 仁：儒家最重要的思想、道德范畴之一，这里指仁爱。

② 兴：兴起，兴盛。

③ 让：谦逊、谦让。

④ 贪戾（lì）：贪婪而行为乖张。

⑤ 机：古代弩箭上的发动机关，意为关键。

⑥ 偾（fèn）事：坏事。偾，败坏。

⑦ 一人：指君王。

【译文】

君王的家族仁爱相亲，整个国家就会兴起仁爱之风；君王的家族谦恭礼让，整个国家就会兴起谦让之风；君王一人贪婪暴戾，整个国家就会犯上作乱。问题的关键就是这样。这就叫作一句话可以败坏大事，一个人可以安定整个国家。

尧舜①帅②天下以仁，而民从之；桀纣③帅天下以暴，而民从之。其所令反其所好，而民不从。是故君子有诸己④而后求诸人，无诸己⑤而后非诸人。所藏⑥乎身不恕⑦，而能喻⑧诸人者，未之有也。故治国在齐其家。

【注释】

① 尧舜：是传说中父系氏族社会后期部落联盟中的两位首领，历代被认为是圣君。尧，号陶唐氏，名放勋，史称唐尧。舜，号有虞氏，名重华，史称虞舜。
② 帅：通"率"，率领，统帅。
③ 桀纣：先古时代的两位暴君。桀，夏代最后一位君主，名履癸，以暴虐著称，为商汤所灭。纣，商代最后一位君主，也称帝辛，为周武王所灭。
④ 有诸己：自己有善的地方。诸，对于。
⑤ 无诸己：自己无邪恶的地方。
⑥ 藏：积藏。
⑦ 恕：即恕道，儒家重要道德范畴之一。儒家认为，自己不愿意做的事情，也不去对别人做，如此推己及人的品德即恕道。
⑧ 喻：使人明白。

【译文】

尧舜用仁爱来治理天下，天下人也跟着实行仁爱；桀纣以贪暴来统治天下，天下人也跟着变得贪暴。君主号召人民实行仁爱而自己却嗜好暴虐，人民是不会顺从的。所以品德高尚的君子首先要让自己具备美德，然后才能要求别人也具有这种美德；先要求自己没有恶习，然后才能要求别人远离恶习。自身有不合乎恕道的行为，却去教导别人讲求恕道，从来没有过这样的事情。所以要想治理好国家，首先要整治好自己的家族。

《诗》云："桃之夭夭，其叶蓁蓁；之子于归，宜其家人①。"

宜其家人，而后可以教国人。

《诗》云："宜兄宜弟[2]。"

宜兄宜弟，而后可以教国人。

《诗》云："其仪不忒，正是四国[3]。"

其为父子兄弟足法，而后民法之也。此谓治国在齐其家。

【注释】

① "《诗》云"句：出自《诗经·周南·桃夭》篇，是庆贺女子出嫁的一首歌。夭夭（yāo），美丽，姣好。蓁蓁（zhēn），茂盛的样子。之子于归，这女子要出嫁了。宜其家人，使一家人友好和睦。

② 宜兄宜弟：出自《诗经·小雅·蓼萧》篇，是一首谢恩祝福的诗歌。此句意为与兄弟友爱和睦。

③ 其仪不忒（tè），正是四国：出自《诗经·曹风·鸤鸠》篇，意为他的仪容端庄，毫厘不爽，是四方各国的榜样。仪，仪容，威仪。忒，差错。

【译文】

《诗经·周南·桃夭》中说："桃花开得妖娆美丽，树叶长得光润碧绿；这个女孩子就要出嫁了，她让一家人和睦欢愉。"

使自己的家人和睦相处，然后才可以去教育国人。

《诗经·小雅·蓼萧》中说："兄弟之间要友爱和睦。"

兄弟之间友爱和睦，然后才可以去教育国人。

《诗经·曹风·鸤鸠》中说："他的仪容端庄，没有一点差错，是四方各国的表率。"

作为父亲讲慈爱，作为儿子懂孝顺，作为兄长讲友爱，作为弟弟讲尊敬，这些都足以成为楷模，然后人们才会去效法他。这就叫作治理好国家在于先整治好自己的家族。

【朱熹提示】

右传之九章,释"齐家治国"。

【译文】

上面一段是传文的第九章,解释的是"齐家治国"。

第十章　释"治国平天下"

所谓平天下，在治其国者：上老老①，而民兴孝；上长长②，而民兴弟；上恤孤③，而民不倍④。是以君子有絜矩之道⑤也。

【注释】

① 老老：尊重老者，将老人当作老人看待。前一个"老"字为动词。
② 长长：尊重长辈。前一个"长"为动词，意思是将长者当作长者看待。
③ 恤（xù）孤：恤，体恤，周济。孤，幼年丧父为孤。
④ 倍：同"背"，背弃，违背。
⑤ 絜（xié）矩之道：儒家伦理思想之一，指君子的言行要有道德的示范作用。絜，量度，测度。矩，制作方形物件的工具。

【译文】

所谓使天下太平在于治理好自己的国家：君主孝敬老人，在百姓中就会兴起孝顺之风；君主尊重长者，在百姓中就会兴起敬上之风；君主体恤孤儿，老百姓也会同样跟着去做。因此君子应该在道德上起到规范和示范的作用。

所恶①于上，毋②以使下；所恶于下，毋以事上。所恶于前，毋以先后；所恶于后，毋以从前。所恶于右，毋以交于左；所恶于左，毋以交于右。此之谓絜矩之道。

【注释】

① 恶（wù）：讨厌，憎恨。
② 毋：不要。

【译文】

上级做了令自己厌恶的事，不要用来对待下级；下级做了令自己厌恶的事，不要用来对待上级。前面的人做了令自己厌恶的事，不要用来对待后来的人；后来的人做了令自己厌恶的事，不要用来对待从前的人。右边的人做了令自己厌恶的事，不要以此来对待左边的人；左边的人做了令自己厌恶的事，不要以此来对待右边的人。这就叫作道德上的示范作用。

《诗》云："乐只君子，民之父母①。"
民之所好，好之；民之所恶，恶之，此之谓民之父母。
《诗》云："节彼南山，维石岩岩；赫赫师尹，民具尔瞻②。"
有国者不可以不慎，辟，则为天下僇③矣。
《诗》云："殷之未丧师，克配上帝。仪监于殷，峻命不易④。"
道⑤得众则得国，失众则失国。

【注释】

① 乐只（zhǐ）君子，民之父母：出自《诗经·小雅·南山有台》篇，意为快乐的君子，能与民同甘共苦，爱民如子，而民亦爱之如父母。乐，快乐喜悦。只，语助词，犹"哉"。
② "《诗》云"句：出自《诗经·小雅·节南山》篇。这首诗是讽刺周执政太师尹氏的。节，高大的样子。南山，指终南山。岩岩，险峻的样子。赫赫，威仪的样子。师尹，周太师尹氏。太师为周代的三公之一。具，俱。瞻，看。
③ 僇（lù）：通"戮"，杀戮。

④ "《诗》云"句：出自《诗经·大雅·文王》。殷，商代的另称。丧师，丧失众人。克，能。配，符合。仪监于殷，意为应以失败的殷商为借鉴。仪鉴，原诗为"宜鉴"，宜以……为鉴。峻命，指天命。峻，高大。

⑤ 道：言。

【译文】

《诗经·小雅·南山有台》中说："欢乐的君主，是天下民众的父母。"

民众所喜欢的，他也喜欢，民众所厌恶的，他也厌恶，这就叫作民众的父母。

《诗经·小雅·节南山》中说："那高大的终南山啊，层峦叠嶂多么险峻；高大威仪的尹太师啊，人民都唯你是瞻。"

统治国家的人不可以不谨慎，有所偏差，就会被天下人所诛戮。

《诗经·大雅·文王》中说："殷朝还没有失去民心的时候，还能够符合上天的旨意。应以殷商的兴亡为鉴戒，明白遵循天命永保国家并不容易。"

这些都是说，统治者得到民心的拥护，就会得到国家，失去民心的拥护，就会失去国家。

是故君子先慎乎德①。有德此②有人③，有人此有土④，有土此有财，有财此有用⑤。德者，本也；财者，末也。外本内末⑥，争民⑦施夺。是故财聚则民散，财散则民聚。是故言⑧悖⑨而出者，亦悖而入；货悖而入者，亦悖而出。

【注释】

① 先慎乎德：先要谨慎地遵守道德。

② 此：这样。

③ 有人：指得到众人的拥护。

④ 有土：指得到整个国家。
⑤ 有用：指得到国家之财用。
⑥ 外本内末：将根本当作外，将枝末当作内，意指主次颠倒。
⑦ 争民：与民争利的意思。
⑧ 言：指国君的政令。
⑨ 悖：逆，意指违背正理。

【译文】

因此，国君首先要谨慎地遵守道德。有了美德就能得到民众的拥护，有了民众的拥护就能拥有土地，拥有土地就能拥有财富，拥有财富就能用于国家的开支。美德是根本，财富是末梢。如果国君表面重道德而内心重财富，就会与民争利，甚至强取豪夺。因此，财富聚集于国君，民心却离散了；财富散落于民众，那么民心就会依附在国君的周围。因此，国君的政令违背正理，也一定会遭到民众违背正理的抵抗；财富的聚散违背正理，也一定会被人以违背正理的手段掠夺出去。

《康诰》曰："惟命不于常①。"
道善则得之，不善则失之矣。

【注释】

① 惟命不于常：唯独天命是无常的。惟，唯独，只有。命，天命。

【译文】

《康诰》上说："唯独天命是无常的。"
是说君主行善道就能保有天命，不行善道就会失去天命。

《楚书》①曰："楚国无以为宝，惟善以为宝。"
舅犯②曰："亡人无以为宝，仁亲以为宝③。"

41

【注释】

① 《楚书》：指《国语·楚书》，楚昭王时史书。《楚书》中记载：楚昭王派王孙圉（yǔ）到晋国行聘礼，晋国赵简子问起楚国的国宝白珩璧玉之事。王孙圉回答说，楚国并不以白珩璧玉为宝，而是以观射父、左史倚这样德才兼备的善人为宝。这个故事说明，楚国能够以德为本，以财货为末。事见《国语·楚语》，汉代刘向的《新序》中也有类似的记载。

② 舅犯：晋文公重耳的舅舅狐偃，字子犯。

③ 亡人无以为宝，仁亲以为宝：亡人，流亡在外之人，这里指晋文公重耳。重耳是春秋时晋国国君，晋献公的儿子。因晋献公听信谗言，欲立幼子为嗣，逼迫太子申生自缢而死，公子重耳逃亡在外，舅犯随行。晋献公去世，秦穆公派人劝说重耳趁机归国即位，重耳以此事告子犯，子犯以为不可，遂以此言告之。事见《礼记·檀弓下》。这件事说明公子重耳能以仁爱为本，而以权位为末。

【译文】

《国语·楚书》中说："楚国没有什么宝，只是把善当作宝贝。"

舅犯说："流亡在外的人没有什么可以当作宝贝，只是把仁爱当作宝贝。"

《秦誓》①曰："若有一介臣，断断②兮无他技，其心休休③焉，其如有容焉。人之有技，若己有之，人之彦圣④，其心好之，不啻⑤若自其口出。寔⑥能容之，以能保我子孙黎民，尚亦有利哉。人之有技，媢⑦疾以恶之，人之彦圣，而违之俾不通⑧，寔不能容，以不能保我子孙黎民，亦曰殆⑨哉！"

【注释】

① 《秦誓》：出自《尚书·周书·秦誓》。秦穆公伐郑，为晋国所败，归后作此誓以告诫群臣。誓言通篇为悔过之词，这里所引的话就是秦穆公有关用人的经验。
② 断断：忠诚老实的样子。
③ 休休：善良宽厚的样子。
④ 彦圣：俊彦，指才德兼备的君子。彦，美好。圣，通"明"。
⑤ 不啻（chì）：不但，不仅，不只。
⑥ 寔（shí）：同"实"，实在。
⑦ 媢（mào）：嫉妒。
⑧ 违之俾（bǐ）不通：阻挠使之不被上用。违，阻止压抑别人。俾，使。
⑨ 殆：危险。

【译文】

《尚书·周书·秦誓》中说："如果有这样一位臣子，他忠诚老实，没有其他本领，但他心胸宽广而能容纳别人。别人有技艺，就像自己有技艺，别人德行高尚，他衷心喜欢，不只是在口头上加以称赞。这种人真的能容纳别人，因此能保护我的子孙和百姓，而且能为我的子孙、百姓谋取利益。如果别人有技艺，就嫉妒、讨厌他，别人有美德，就压制阻挠，无论如何容忍不得，因此要是重用这种人，不但不能保护我的子孙和百姓，而且可说是太危险了！"

唯仁人放流之①，迸诸四夷②，不与同中国③。此谓唯仁人为能爱人，能恶人。

见贤而不能举④，举而不能先，命⑤也。见不善而不能退，退而不能远，过也。好人之所恶，恶人之所好，是谓拂⑥人之性，菑必逮夫身⑦。是故君子有大道，必忠信以得之，骄泰⑧以失之。

【注释】

① 放流之：放流，流放，放逐。之，指前文所述不能容人之人。
② 迸诸四夷：驱逐到边远的夷狄地方去。迸，通"屏"，驱逐。四夷，四方之夷，古代泛指我国四方边境的少数民族。夷，对古代东方部落的蔑称。东夷、西戎、南蛮、北狄合称为四夷。
③ 中国：全国的中心地区。古代汉族多生活在黄河流域，故称其地为"中国"，其意与"中原""中土"等称谓相同。
④ 举：举用，任用。
⑤ 命：郑玄认为应作"慢"，即轻慢、怠慢的意思。
⑥ 拂：违反、违背。
⑦ 菑必逮夫身：灾祸必然惹到自己身上来。菑，古作"灾"。
⑧ 骄泰：骄恣放纵。骄，骄傲。泰，恣肆。

【译文】

只有那具有仁德的君子，才会把那种嫉贤妒能的人加以流放，驱逐到蛮夷之地，不许他们与贤能的人同居中原。这就是说只有具有仁德的君子，才懂得该爱什么样的人，该恨什么样的人。

发现了贤才却不能举用他，即使举用了也不能尽早地重用他，这便是怠慢。发现了不贤的人却不能罢退他，即使罢退了却不能远离他，这便是过错了。喜欢人们所憎恶的东西，憎恶人们所喜欢的东西，这就是说违背了人的本性，灾祸一定会降临在自己身上。

因此，君子要具有在道德上起着示范的作用途径，一定是以忠实诚信的态度才能获得它，倘若骄恣放纵，就会失去它。

生财有大道，生之者众，食之者寡，为之者疾①，用之者舒②，则财恒足矣。

仁者以财发身③，不仁者以身发财。未有上好仁而下不好义④者也，未有好义其事不终⑤者也，未有府库⑥财非其财者也。

【注释】

① 疾：迅速。
② 舒：舒缓，适当。
③ 以财发身：散财以修身。发，发达，发起。
④ 义：宜，正义，指思想行为合乎一定的道德标准。
⑤ 终：完成，成功。
⑥ 府库：古代国家收藏财货的地方。

【译文】

积累财富有条正确的途径，创造财富的人多，消耗财富的人少，管理财富的人勤快，耗用财富的人节俭，这样国家的财富就可以经常保持充足了。

有仁德的人用财富来修养自身德行，没有仁德的人用生命来聚敛财富。没有君主崇尚仁德而百姓却不爱好道义的，没有坚持道义而不能把事业最终完成的，没有府库中用仁德积累的财富最终不属于自己的。

孟献子①曰："畜马乘②，不察于鸡豚③；伐冰之家④，不畜牛羊；百乘之家⑤，不畜聚敛之臣。与其有聚敛之臣，宁有盗臣⑥。"此谓国不以利为利，以义为利也。

【注释】

① 孟献子：姓仲孙名蔑，春秋时鲁国大夫。
② 畜马乘（shèng）：指初做大夫的人。畜，通"蓄"，养。乘，用四匹马拉的车。古时一车四马为一乘。
③ 不察于鸡豚：意为做了大夫的人，不应该计较养鸡养猪的小利了。察，查看，关注，引申为计较。豚，小猪，这里泛指猪。
④ 伐冰之家：古代卿大夫之家，丧祭时能用冰来保存死者遗体。伐，凿。

⑤ 百乘之家：拥有一百辆车乘的卿大夫之家。指拥有一定封邑的大国之卿。

⑥ 盗臣：如强盗一般的臣子。

【译文】

孟献子说："能够喂养四匹马来拉车的大夫之家，就不该计较养鸡养猪这样的小利了；能够凿冰来保存死者遗体的卿大夫家族，就不必通过养牛养羊来增加财富了；拥有百辆车乘和封邑采地的大国之卿，就不必任用只顾聚敛财富的家臣了。与其有这种只顾聚敛财富的家臣，还不如有那种盗取府库财物的臣子。"

这就是说，国家不能以财货为根本利益，要以道义为根本利益。

长①国家而务②财用者，必自小人矣。彼③为善之，小人之使为国家，灾害并至，虽有善者，亦无如之何④矣！此谓国不以利为利，以义为利也。

【注释】

① 长（zhǎng）：成为国家之长，即君王。

② 务：专心。

③ 彼：指统治国家的君王。

④ 无如之何：无法对付，无法挽救。

【译文】

治理国家的人专心于聚敛财富，必定是听从了小人的主意。而那国君还以这些小人是好人，让他们去处理国家大事，那么灾难祸害将一并降临，即使君王的初衷是好的，这时也无可奈何了！这就是说国家不能以财货为根本利益，要以道义为根本利益。

【朱熹提示】

右传之十章,释"治国平天下"。

凡①传十章:前四章统②论纲领③旨趣④;后六章细论条目功夫⑤。其第五章乃明善之要。第六章乃诚身之本,在初学尤为当务之急。读者不可以其近⑥而忽之也。

【注释】

① 凡:共,总计。
② 统:全面的意思。
③ 纲领:总纲。
④ 旨趣:宗旨。
⑤ 功夫:素养,工力。
⑥ 近:这里指"浅近"。

【译文】

上面一段是传文的第十章,解释的是"治国平天下"。

传文总计为十章:前四章全面论述总纲的宗旨,后六章详细讨论细目和应该下功夫的地方。其中的第五章阐明的是最善的要领。第六章阐明的是修身诚意的根本,对于初学者来说,尤其是当务之急。读者不要以为它的道理浅近而把它忽视了。

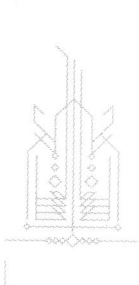

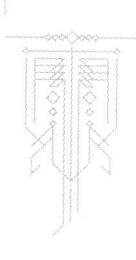

中庸

作者小传

子思，姓孔，名伋，生于公元前483年，卒于公元前402年，战国初期鲁国人，儒家的主要代表之一。"子思之儒"乃儒家八派之一。

子思是孔子之孙，《史记·孔子世家》载："孔子生鲤，字伯鱼。伯鱼生伋，字子思"，"尝困于宋，子思作《中庸》"。子思的父亲孔鲤的生平在历史上稍有记载，据说他的名字由来是因为其出生时，鲁昭公送来鲤鱼祝贺，故名之为鲤。另外，《论语》中还有其趋庭受教的事迹。孔鲤死时，子思尚不能步，而此时的孔子也已步入晚年。

子思小时候就很有志向。有一天，孔子正就自己的一生而长吁短叹，子思就走上前去问孔子："您是担心子孙不能继承祖业而有辱先祖呢？还是羡慕尧舜之道而遗憾自己不能像他们一样呢？"孔子慨然长叹道："你一个小孩子哪里知道我的志向啊！"而子思却认真地回答说："我经常听您说，做父亲的劈柴，而儿子却不能担负，这就叫不孝。每想到这里我就害怕，对学业也不敢懈怠了。"孔子听后，立即振作起来，高兴地说："有你这些话，我就不再忧虑了，祖业不废，大概可以昌盛了！"

除了传说中的这些小故事外，事实上，子思的生平事迹已难详考。据说他曾师事曾参，从曾子那里接受了全套儒家学说。又据《孟子》中记载：子思曾被鲁缪公、费惠公尊为贤者，以师礼相待，但终未被起用。后来子思耻于被人眷养的尴尬局面，曾一怒之下将国君的使者赶出了大门。

《汉书·艺文志》著录《子思》23篇，已佚。汉唐儒者如郑玄、孔颖达等认为《小戴礼记》中之《中庸》即为子思所作，宋儒基本都肯定这一说法（偶也有怀疑者，如南宋的叶适在其《习学纪言序目》中就表示怀疑）。程朱一派对之尤为尊崇，以为"此篇乃孔门传授心法，子思恐其久而差也，故笔之于书，以授孟子"（朱熹《四书集注》）。所谓"中庸"，意思就是说要不偏不倚地"中"这个事物运动的总原则。这一思想来源于周公的"中德"论，孔子阐发了这一思想，子思则抓住了这一点，做了进一步的阐发，认为"中"为"天下之大本"，"中庸"为最高的道德准则。

唐宋开始，儒家"道统"论兴起，学者一般认为，子思上承曾参，下启孟子，在孔孟"道统"的传承中有重要地位，而《中庸》一篇亦为儒家心性理论的主要渊薮之一。但近世学者对《中庸》为子思所作的传统说法颇有疑问，认为其中有"今天下，车同轨，书同文，行同伦"之语，当为秦汉之际儒者的作品而非子思所撰。因此，子思的实际思想究竟是否就是《中庸》的学说，尚有待进一步研究。

荀子在《非十二子》中论子思、孟轲之学时，谓其"略法先王而不知其统，犹然而材剧志大，闻见杂博。案往旧造说，谓之五行，甚僻违而无类，幽隐而无说，闭约而无解。案饰其辞而祇敬之曰：'此真君子之言也'。子思唱之，孟轲和之……"韩非子在其《显学》篇中论孔子死后"儒分为八"，"子思之儒"亦为其中一派。他们虽都是从否定的角度来论述子思的，但从中亦可想见子思的学说卓然自成一家一派。

北宋徽宗崇宁元年（1102年），子思被追封为"沂水侯"；元朝文宗至顺元年（1330年），又追封子思为"述圣公"，以后就称作"述圣"。

前人赞语

宋高宗绍兴十四年御制赞
闲居请膺世业克昌可离非道孜孜立行
发挥中庸　体固有常　入德枢要　治道权衡

皇明山东巡抚陈凤梧赞
精一之传　诚明之学　圣门嫡派　斯道有托
发育洋洋　鸢飞鱼跃　慎独之训　示我先觉

国朝圣祖仁皇帝御制赞
于穆天命　道之大原　静养动察　庸德庸言
以育万物　以赞乾坤　九经三重　大法是存
笃恭慎独　成德之门　卷之藏密　扩之无垠

朱熹原序

中庸何为而作也？子思子忧道学之失其传而作也。盖自上古圣神继天立极，而道统之传有自来矣。其见于经，则"允执厥中"者，尧之所以授舜也；"人心惟危，道心惟微，惟精惟一，允执厥中"者，舜之所以授禹也。尧之一言，至矣，尽矣！而舜复益之以三言者，则所以明夫尧之一言，必如是而后可庶几也。

盖尝论之：心之虚灵知觉，一而已矣，而以为有人心、道心之异者，则以其或生于形气之私，或原于性命之正，而所以为知觉者不同，是以或危殆而不安，或微妙而难见耳。然人莫不有是形，故虽上智不能无人心，亦莫不有是性，故虽下愚不能无道心。二者杂于方寸之间，而不知所以治之，则危者愈危，微者愈微，而天理之公卒无以胜夫人欲之私矣。精则察夫二者之间而不杂也，一则守其本心之正而不离也。从事于斯，无少间断，必使道心常为一身之主，而人心每听命焉，则危者安、微者著，而动静云为自无过不及之差矣。

夫尧、舜、禹，天下之大圣也。以天下相传，天下之大事也。以天下之大圣，行天下之大事，而其授受之际，丁宁告戒，不过如此。则天下之理，岂有以加于此哉？自是以来，圣圣相承：若成汤、文、武之为君，皋陶、伊、傅、周、召之为臣，既皆以此而接夫道统之传，若吾夫子，则虽不得其位，而所以继往圣，开来学，其功反有贤于尧舜者。然当是时，见而知之者，惟颜氏、曾氏之传得其宗。

及曾氏之再传，而复得夫子之孙子思，则去圣远而异端起矣。

子思惧夫愈久而愈失其真也，于是推本尧舜以来相传之意，质以平日所闻父师之言，更互演绎，作为此书，以诏后之学者。盖其忧之也深，故其言之也切；其虑之也远，故其说之也详。其曰"天命率性"，则道心之谓也；其曰"择善固执"，则精一之谓也；其曰"君子时中"，则执中之谓也。世之相后，千有余年，而其言之不异，如合符节。历选前圣之书，所以提挈纲维，开示蕴奥，未有若是之明且尽者也。自是而又再传以得孟氏，为能推明是书，以承先圣之统，及其没而遂失其传焉。则吾道之所寄不越乎言语文字之间，而异端之说日新月盛，以至于老佛之徒出，则弥近理而大乱真矣。然而尚幸此书之不泯，故程夫子兄弟者出，得有所考，以续夫千载不传之绪；得有所据，以斥夫二家似是之非。盖子思之功于是为大，而微程夫子，则亦莫能因其语而得其心也。惜乎！其所以为说者不传，而凡石氏之所辑录，仅出于其门人之所记，是以大义虽明而微言未析。至其门人所自为说，则虽颇详尽而多所发明，然倍其师说而淫于老佛者，亦有之矣。

　　熹自早岁即尝受读而窃疑之，沉潜反复，盖亦有年，一旦恍然似有以得其要领者，然后乃敢会众说而折其中，既为定著《章句》一篇，以俟后之君子。而一二同志复取石氏书，删其繁乱，名以《辑略》，且记所尝论辩取舍之意，别为《或问》，以附其后。然后此书之旨，支分节解，脉络贯通，详略相因，巨细毕举，而凡诸说之同异得失，亦得以曲畅旁通，而各极其趣。虽于道统之传，不敢妄议，然初学之士，或有取焉，则亦庶乎行远升高之一助云尔。

　　　　　　　　淳熙己酉春三月戊申，新安朱熹序

第一章　纲　领

【程子提示】

子程子曰："不偏之谓中，不易之谓庸。中者，天下之正道；庸者，天下之定理。"此篇乃孔门传授心法①，子思恐其久而差也，故笔②之于书，以授孟子③。其书始言一理，中散为万事，末复合为一理。"放之则弥④六合⑤，卷之则退藏于密⑥"，其味无穷，皆实学也。善读者玩索⑦而有得焉，则终身用之，有不能尽者矣。

【注释】

① 心法：传授心得的方法。
② 笔：记录，笔录。
③ 孟子：名轲，字子舆，战国时期著名的思想家、政治家、教育家。孟子受业于子思的门人，继承和发扬了子思学派的理论思想，是孔子之后儒家的另一位集大成者，故后代追称其为"亚圣"。
④ 弥：满、遍。
⑤ 六合：指天下四方，也泛指天下。
⑥ 密：指隐秘的内心。
⑦ 玩索：玩味、探求。

【译文】

夫子程颐先生说："不偏于一方叫作'中'，不改变常规叫作'庸'。'中'是天下不偏之道，'庸'是天下不变之理。"这篇《中庸》是孔门传授心得的方法，子思恐怕年代久了传授会有差错，所以把它笔录成书，传授给了孟子。这部书开始只讲一个道理，中间分开讲各种事理，最后综合起来又归结到一个道理上来。"这个道理，放开来可以充塞天地四方，收拢来可以深藏于隐秘的内心"，它的意味是无穷的，都是实实在在的学问。善于读书的人仔细玩味，探求其中的道理，必然会有所收获，那是终生也受用不完的。

天命之谓性①，率性之谓道②，修道之谓教③。道也者，不可须臾④离也，可离非道也。是故君子戒慎乎其所不睹⑤，恐惧乎其所不闻。莫见乎隐⑥，莫显乎微⑦，故君子慎其独也。

【注释】

① 天命之谓性：意思是说，人性是上天所赋予的。天命，天赋。性，即人性。
② 率性之谓道：率，遵循。道，指事物运动变化所遵循的普遍规律。人道即人所应遵循的生命准则，实行人道当遵循人性之自然。
③ 修道之谓教：意为人们按照正统的原则来修养自身，即所谓教化。修道，按照道德的原则来修养自身。教，政教，教化。
④ 须臾：片刻，一会儿。
⑤ 戒慎乎其所不睹：意为即使在人看不到的地方，君子也要警惕谨慎地按照道的要求去做。戒慎，警戒谨慎。睹，看见。
⑥ 莫见乎隐：莫，无，没有。见，同"现"，表现，呈现。隐，隐蔽的地方，暗处，这里指心中的微妙变化。
⑦ 莫显乎微：显，显著，显露。微，细微的地方，小事。这里指一般人觉察不到的事情。

【译文】

上天所赋予人的品德叫作"性"，遵循人性的自然就叫作"道"，按照道德的原则来修养自身就叫作"教"。道是不可片刻离开的，可以片刻离开的就不是道了。所以，品德高尚的人在没有人看到的地方也要小心谨慎，在没有人听到的地方也要小心谨慎。不要在隐蔽的地方呈现出离道的表现，也不要在细微小事上呈现出离道的表现，所以，品德高尚的人在独处时也要十分谨慎。

喜怒哀乐之未发，谓之中①；发而皆中节②，谓之和。中也者，天下之大本③也；和也者，天下之达道④也。致⑤中和，天地位⑥焉，万物育⑦焉。

【注释】

① 谓之中：是说人们在没有表现出喜怒哀乐等思想感情的情况下，是一种"中"的境界。中，无过与不及，不偏不倚。
② 发而皆中节：意为人所表露出的喜怒哀乐等感情，都能符合常理，没有过与不及。发，表露。中，适中，符合。节，法度，常理。
③ 大本：最根本的，天下万事万物的本源。
④ 达道：可以通行天下的道理。本篇认为，人的感情和谐，就是天下共同遵循的道理，故称为"达道"。
⑤ 致：同"至"，达到。
⑥ 位：就位，适得其所。
⑦ 育：化育，成长。

【译文】

喜怒哀乐的感情没有表现出来的时候，叫作"中"；表现出来而符合法度常理，叫作"和"。中是天下最根本的根本，和是天下共同的原则。达到了中和的境界，天地便各就其位而运行不息，万物就各得其所而生长繁育了。

【朱熹提示】

右第一章，子思述所传之意以立言：首明道之本原出于天而不可易，其实体备于己而不可离，次言"存养省察"之要，终言"圣神功化"之极。盖欲学者于此反求诸身而自得之，以去夫外诱之私，而充其本然之善，杨氏①所谓一篇之体要是也。其下十章，盖子思引夫子之言，以终此章之义。

【注释】

① 杨氏：指杨时，字中立，北宋理学家，程氏著名弟子，先后受业于程颢、程颐，为学主张"务本"，解释儒家经典必须与道德践履相结合，晚年隐居龟山，学者称龟山先生。

【译文】

　　上面一段是第一章，是子思传述孔子的精神以创立《中庸》。首先说明"道"的本源是出于天并且不可变更，它的实体存在于我们自身而不可分离；其次说明"存养省察"功夫的要点，最后说明"圣神功化"的最高境界。其目的大概是想使那些做学问的人，在这个问题上要求自身，从而领悟出其中的道理，以祛除由于外界的引诱而产生的私欲，充实自己先天的本性之善，这就是杨时先生所说的：这一章是《中庸》一书的纲领。以下十章，是子思引述孔子的话，来讲清这一章的含义的。

第二章　知　人

仲尼①曰："君子中庸②，小人反中庸。君子之中庸也，君子而时中③；小人之反中庸也，小人而无忌惮④也。"

【注释】

① 仲尼：孔子，名丘，字仲尼。
② 中庸：儒家的最高道德标准。中，不偏不倚，既不过分也无不足。庸，平常。
③ 时中：指人的言行时时处处符合中庸之道。
④ 忌惮：顾忌、畏惧。

【译文】

孔子说："君子的言行符合中庸之道，小人的言行违反中庸之道。君子的言行符合中庸之道，是因为君子每时每刻都恪守中庸之道；小人的言行违反中庸之道，是因为小人的所作所为总是肆无忌惮。"

【朱熹提示】

右第二章。

【译文】

上面一段是第二章。

第三章　正　心

子曰："中庸其^①至矣乎！民鲜^②能久矣！"

【注释】

① 其：表示推测，不肯定。
② 鲜（xiǎo）：少。

【译文】

孔子说："中庸大概是最完美的道德标准了！然而人们是很少能长久地实行它的！"

【朱熹提示】

右第三章。

【译文】

上面一段是第三章。

第四章　正　心

子曰："道①之不行也，我知之矣，知者②过之，愚者不及也；道之不明③也，我知之矣，贤者过之，不肖者④不及也。人莫不饮食也，鲜能知味也。"

【注释】

① 道：指中庸之道。
② 知（zhì）者：有智慧有修养的人。知，同"智"。
③ 明：了解。
④ 不肖者：指品德不好的人。

【译文】

孔子说："中庸的道德标准不能实行，我知道原因了，聪明的人做得过头，愚笨的人又做不到；中庸的道德标准不能显明于世，我知道原因了，贤能的人做得过头，不贤的人又做不到。就像人们没有不吃不喝的，但很少有人知道其中的滋味。"

【朱熹提示】

右第四章。

【译文】

上面一段是第四章。

第五章　修　身

子曰："道其①不行矣夫②！"

【注释】

① 其：语气助词，表示推测。
② 矣夫（fú）：叹词，表示感叹。

【译文】

孔子说："中庸之道恐怕不能够实行了啊！"

【朱熹提示】

右第五章

【译文】

上面一段是第五章。

第六章 审 问

子曰："舜①其大知②也与！舜好问而好察迩言③，隐恶而扬善④，执其两端⑤，用其中⑥于民，其斯⑦以为舜乎！"

【注释】

① 舜：指虞舜。
② 知：同"智"，智慧。
③ 迩（ěr）言：浅近之言。迩，近。
④ 隐恶而扬善：恶，指不符合中庸之道的言论。善，指符合中庸之道的言论。
⑤ 执其两端：掌握事物相反的两个方面。端，极端。
⑥ 用其中：即折中，指运用中庸之道。
⑦ 斯：此，这。

【译文】

孔子说："舜可以说是一个有大智慧的人吧！舜喜欢向别人请教，又喜欢审察身边的言论，包涵那些不合理的言论，表扬那些合理的善言，掌握人们认识上过与不及的两个极端，用中庸之道去引导人们，这就是舜之所以为舜的原因吧！"

【朱熹提示】

右第六章。

【译文】

上面一段是第六章。

第七章　明　道

子曰："人皆曰予知①，驱而纳诸罟擭陷阱②之中，而莫之知辟③也；人皆曰予知，择乎中庸而不能期④月守也。"

【注释】

① 人皆曰予知：人人都说自己聪明。
② 罟（gǔ）擭（huò）陷阱：罟，捕鸟的网。擭，捕兽的机关。陷阱，陷坑。
③ 辟（bì）：同"避"，躲避，逃避。
④ 期（jī）月：一整月。

【译文】

孔子说："人人都说自己是明智的，但是在利欲的驱使下，他们却落入网笼、陷阱，不知道躲避；人人都说自己是明智的，但是选择了中庸之道，却连一个月也坚持不下去。"

【朱熹提示】

右第七章。

【译文】

上面一段是第七章。

第八章 正 心

子曰:"回①之为人也,择乎中庸,得一善,则拳拳②服膺③而弗失之矣。"

【注释】

① 回:颜渊,名回,字子渊,春秋末期鲁国人,孔子最得意的学生,以德行著称,早逝,后世尊其为"复圣"。
② 拳拳:牢握不舍的样子,形容恳切。
③ 服膺(yīng):谨记在心。服,著,放置。膺,胸口。

【译文】

孔子说:"颜回就是这样一个人,选择了中庸之道,每听到一条有益的道理,就牢记在心,永远也不会忘记。"

【朱熹提示】

右第八章。

【译文】

上面一段是第八章。

第九章　正　心

子曰："天下国家可均也①，爵禄可辞也②，白刃可蹈③也，中庸不可能也④。"

【注释】

① 天下国家可均也：天下，指古代西周时天子统治下的各诸侯国。国，指周天子分封的诸侯国。家，指卿大夫的封邑。均，平治，指公正地治理。
② 爵禄可辞也：爵，爵位。禄，古代官吏的薪俸。辞，推辞，放弃。
③ 蹈：踩，踏。
④ 中庸不可能也：意思是说，中庸之道是天下最高的道德标准，做到中庸是很不容易的。

【译文】

孔子说："天下、国家可以公正地治理，爵位俸禄可以推辞不受，锋利的刀刃可以踏过，实行中庸之道却是很难的。"

【朱熹提示】

右第九章。

【译文】

上面一段是第九章。

第十章　明　道

子路①问强。子曰："南方之强与？北方之强与？抑而强与②？宽柔以教③，不报无道④，南方之强也，君子居之。衽金革⑤，死而不厌⑥，北方之强也，而强者居之。故君子和而不流⑦，强哉矫⑧！中立而不倚，强哉矫！国有道⑨，不变塞⑩焉，强哉矫！国无道⑪，至死不变，强哉矫！"

【注释】

① 子路：姓仲，名由，字子路，又字季路，春秋末期鲁国人，孔子著名弟子，为人勇武，故向孔子问强。

② 抑而强与：意为还是你自己强呢？抑，抑或，还是。而，你，指子路。

③ 宽柔以教：以宽缓柔和的方式教诲人们。

④ 不报无道：别人对我做了无理的事我也不报复。无道，横暴无理。

⑤ 衽（rèn）金革：衽，卧席，这里作动词，指枕着武器、盔甲睡觉。金革，刀枪盔甲之类。

⑥ 厌：悔恨，后悔。

⑦ 和而不流：指性格随和但其本质并不与流俗相同。

⑧ 强哉矫：形容强者形貌的威严。矫，刚强、坚强。

⑨ 有道：政治清明，天下太平。

⑩ 不变塞：艰难时不变志向。塞，阻塞，阻碍。

⑪ 无道：指国家政治黑暗，社会不太平。

【译文】

　　子路问怎样才算得上强。孔子说:"你问的是南方的强呢?还是北方的强呢?还是你自己的强?以宽缓柔和的方式教诲人们,对于蛮横无理的人也不加报复,这是南方人的强,君子就属于这一类。以刀枪为枕,以盔甲为席,即使战死疆场也不后悔,这是北方人的强,强悍勇武的人属于这一类。所以君子为人随和却不丧失自己的原则立场,才算是真正的强!君子恪守中庸之道而不偏不倚,才算是真正的强!国家政治清明时,不因挫败而改变自己的志向,才算是真正的强!国家政治黑暗时,至死不改变自己的德操,才算是真正的强!"

【朱熹提示】

　　右第十章。

【译文】

　　上面一段是第十章。

第十一章　正　心

子曰："素隐行怪[1]，后世有述[2]焉，吾弗为之矣。君子遵道而行[3]，半涂[4]而废，吾弗能已[5]矣。君子依乎中庸，遁世[6]不见知而不悔，唯圣者能之。"

【注释】

① 素隐行怪：素，应为"索"，意为寻求。隐，隐僻的道理。
② 述：记述。
③ 遵道而行：指君子能够遵循中庸之道而行事。
④ 涂：同"途"。
⑤ 已：停止。
⑥ 遁世：避世，指隐居。

【译文】

孔子说："从前有人喜欢探求隐僻的道理，做奇异怪诞的事情，后世虽有所记述，我也不去做那样的事。君子遵循中庸之道行事，有人往往半途而废，我却不能够停止。君子依据中庸之道而立身，即使隐居起来不为人所知也不后悔，这只有圣人才能做到。"

【朱熹提示】

右第十一章。

【译文】

上面一段是第十一章。

第十二章 知 物

　　君子之道费而隐①。夫妇②之愚，可以与③知焉，及其至也④，虽圣人亦有所不知焉；夫妇之不肖，可以能行焉，及其至也，虽圣人亦有所不能焉。天地之大也，人犹有所憾。故君子语大，天下莫能载⑤焉；语小，天下莫能破⑥焉。

　　《诗》云："鸢飞戾天，鱼跃于渊⑦。"言其上下察⑧也。君子之道，造端⑨乎夫妇，及其至也，察乎天地。

【注释】

① 费而隐：指君子之道运用起来极其广大，而其本体又极其精微奥妙。
② 夫妇：意指普通男女。
③ 与：接受，接触。
④ 及其至也：至于它的最高境界。
⑤ 载：藏载，承载。
⑥ 破：分析，剖析。
⑦ 鸢（yuān）飞戾（lì）天，鱼跃于渊：出自《诗经·大雅·旱麓》。鸢，老鹰。戾，止，到达。
⑧ 察：显明，昭著。
⑨ 造端：开始，起头。

【译文】

　　君子所恪守的中庸之道广大而又精微。普通男女虽然愚昧，也可以接触一些浅显的知识，至于知识的最高境界，即使是圣人也有不知道的。普通男女虽然不贤，也可以做一些力所能及的事，至于做到完美，即使是圣人也有不能达到的地方。天地如此宽广博大，人们对它仍有不满足的地方。所以，君子说起中庸之道的广大处，天下没有人能够承载它；说到中庸之道的细微处，天下没有人能够剖析它。

《诗经·大雅·旱麓》上说："鹰击长空，鱼跃深潭。"这两句诗可以用来比喻中庸之道上能达于天，下能及于地。君子所恪守的中庸之道，来自于普通男女所掌握的浅近知识，推究到它的精微深奥处，便昭著于天地之间。

【朱熹提示】

右第十二章。子思之言，盖以申明首章"道不可离"之意也。其下八章，杂引孔子之言以明之。

【译文】

上面一段是第十二章，是子思所说的话，大概用来阐明第一章"道不可离"的意思。下面八章，博引了孔子的话来加以阐明它。

第十三章 笃　行

子曰："道不远人，人之为道而远人①，不可以为道。

"《诗》云：'伐柯伐柯，其则不远②。'执柯以伐柯，睨而视之③，犹以为远。故君子以人治人④，改而止。

"忠恕⑤，违道不远⑥，施诸己而不愿⑦，亦勿施于人。

"君子之道四⑧，丘未能一焉：所求⑨乎子以事⑩父，未能也；所求乎臣以事君，未能也；所求乎弟以事兄，未能也；所求乎朋友，先施之，未能也。庸德⑪之行，庸言⑫之谨，有所不足，不敢不勉；有余，不敢尽。言顾行，行顾言，君子胡不慥慥尔⑬？"

【注释】

① 人之为道而远人：意思是说，人们在修行中庸之道时总爱好高骛远，这样就使存在于人们身边的道反而远离人们了。
② 伐柯伐柯，其则不远：出自《诗经·豳风·伐柯》。伐柯，砍伐作斧柄的木材。柯，斧柄。其则不远，意思是说手中的斧柄就是要砍的式样，现成的式样就在眼前，所以说不远。则，法则，规定，式样。
③ 睨（nì）而视之：斜着眼瞧一瞧。意思是说目光一转就可以看到斧柄的式样了。睨，斜视。
④ 以人治人：根据不同人的情况采取不同的办法治理。
⑤ 忠恕：儒家伦理思想。尽心之力为"忠"，推己及人为"恕"。在孔子认为，忠、恕是实行"仁"的根本方法。
⑥ 违道不远：距离中庸之道不远。违，去、相距。道，指中庸

之道。

⑦ 施诸己而不愿：诸，"之于"的合音，其中的"之"指自己不愿的行为。

⑧ 君子之道四：君子之道的四个方面，指孝、忠、悌、信。

⑨ 求：责求，要求。

⑩ 事：从事，引申为侍奉。

⑪ 庸德：中庸的道德。

⑫ 庸言：中庸的言论。

⑬ 君子胡不慥慥（zào）尔：胡，何。慥，忠厚老实的样子。

【译文】

孔子说："中庸之道并不远离人们，人在修道过程中故作高深，使道远离人们，那就不可以说是修道了。

"《诗经·豳风·伐柯》中说：'伐木做斧柄啊，伐木做斧柄，斧柄的式样就在我眼前。'手握斧柄去砍伐制作斧柄的木材，斜着眼看一看，还觉得要做的斧柄与旧斧柄差距很远。所以君子以其人之道还治其人之身，直到人们改过从新为止。

"能够做到忠和恕，那就离中庸之道不远了。不愿意别人施加给自己的行为，也不要把它施加在别人身上。

"君子要遵循的道德有四条，我孔丘连其中的一条也做不到：要求做儿子的孝顺父母，我自己却不能做到这一点；要求做臣子的忠于国君，我自己却不能为国尽忠；要求做弟弟的尊敬兄长，我自己却不能做到这一点；要求做朋友的首先要讲信用，我自己却未能首先这样做。做事讲究中庸，说话小心谨慎，有些地方做得不够，不敢不努力奋勉；言谈却不敢放肆而无所顾忌。说话时要考虑如何去实行，做事时要考虑是不是言行一致，能够这样做，君子还不算忠厚老实的吗？"

【朱熹提示】

右第十三章。

【译文】

上面一段是第十三章。

第十四章 修 身

君子素其位①而行,不愿②乎其外③。素富贵,行乎富贵;素贫贱,行乎贫贱;素夷狄④,行乎夷狄;素患难,行乎患难;君子无入⑤而不自得焉。

在上位,不陵⑥下,在下位,不援⑦上,正己⑧而不求于人则无怨。上不怨天,下不尤⑨人。故君子居易⑩以俟命,小人行险⑪以侥幸⑫。子曰:"射有似乎君子⑬,失诸正鹄⑭,反求诸其身。"

【注释】

① 素其位:安于平素所处的地位。素,平素,平时。位,地位,位置。
② 愿:倾慕,羡慕。
③ 外:指本位之外的东西。
④ 夷狄:夷,指古代东方少数民族居住的地方。狄,指古代北方少数民族居住的地方。
⑤ 入:处于。
⑥ 陵:同"凌",欺压。
⑦ 援:攀援,巴结。
⑧ 正己:端正自己的品行。
⑨ 尤:怨恨。
⑩ 居易:处在安全可靠的境地。易,平地。
⑪ 行险:冒险。
⑫ 侥幸:意外地获得成功或免除不幸。
⑬ 射有似乎君子:君子立身处世就像射箭一样。

⑭ 失诸正鹄（gǔ）：没有射中靶心。鹄，古代画在箭靶中心的圆圈，画在布上的叫"正"，画在皮上的叫"鹄"。

【译文】

　　君子安心于平常的地位，做他分内的事情，不羡慕分外的事物。处在富贵的地位上，就做富贵者应该做的事；处在贫贱的地位上，就做贫贱者应该做的事情；身处夷狄之地，就做身处夷狄之地所应做的事情；身处患难之地，就做身处患难之地所应做的事情。君子无论处在什么地位，都不会感到不安。

　　君子高居上位，不欺凌处在下位的人；处在下位，不巴结处在上位的人；端正自身而不苟求于别人，这样就不会有怨恨在心了。上不责怪于天，下不责怪于人。所以君子安分守己地等待天命的安排，小人甘愿冒险以获得侥幸。孔子说："君子立身处世就像射箭一样，箭没有射中靶心，应该反过头来责求自己。"

【朱熹提示】

　　右第十四章。

【译文】

　　上面一段是第十四章。

第十五章　齐　家

君子之道，辟如行远必自迩①，辟如登高必自卑②。《诗》曰："妻子好合，如鼓瑟琴；兄弟既翕，和乐且耽；宜尔室家，乐尔妻帑。"③子曰："父母其顺矣乎④！"

【注释】

① 辟如行远必自迩：譬如行远路必从近地起。辟，同"譬"。迩，近处。
② 卑：低处。
③ "《诗》曰"句：出自《诗经·小雅·棠棣》，这是一首称述家庭和睦、兄弟友爱的诗。好合，友好和睦。鼓，弹奏。瑟、琴，俱为古代弹拨乐器，后来用瑟琴比喻夫妇感情和谐。翕（xī），聚合。耽（dān），欢喜。帑（nú），应作"孥"，子孙。
④ 父母其顺矣乎：父母一定很称心了。

【译文】

君子所要遵循的道，就像走远路，一定要从近处出发；就像登高山，一定要从低处开始。《诗经·小雅·棠棣》中说："你和妻儿相亲相爱，就像弹奏瑟琴一样美妙；你和兄弟友好和睦，和气欢乐感情深厚；建立一个美好的家庭，使妻儿快乐无忧。"孔子说："能够这样，做父母的自然就称心如意了啊！"

【朱熹提示】

右第十五章。

【译文】

上面一段是第十五章。

第十六章　齐　家

子曰："鬼神①之为德,其盛矣乎②!视之而弗③见,听之而弗闻,体物而不可遗④。使天下之人齐明盛服⑤,以承祭祀。洋洋乎⑥如在其上,如在其左右。《诗》曰:'神之格思,不可度思,矧可射思!'⑦夫微之显⑧,诚之不可揜⑨如此夫。"

【注释】

① 鬼神:古人称人死后的魂灵为鬼。神,指神明。
② 其盛矣乎:极其盛大的啊。
③ 弗:不。
④ 体物而不可遗:生养万物却没有一点遗漏。古人认为,万物无不以鬼神之气而生,没有例外。体物,以万物为体现,意指生养万物。遗,遗漏。
⑤ 齐(zhāi)明盛服:祭祀前必须沐浴斋戒,以示虔诚。齐,通"斋",斋戒。明,洁净。
⑥ 洋洋乎:流动漂浮的样子。
⑦ "《诗》曰"句:出自《诗经·大雅·抑》。这是一首规劝统治者修德守礼,指责某些执政者昏庸无能的诗。格,至,来临。思,语气助词,无意义。度,推测。矧(shěn),况且。射,厌倦,懈怠不敬。
⑧ 夫微之显:从隐微到显著。意思是说鬼神的行迹隐微,但其灵验却很显著。微,隐微。显,显明。
⑨ 揜(yǎn):通"掩",掩盖。

【译文】

孔子说:"鬼神的德行,真是盛大啊!看它也看不见它的形状,听它也听不到它的声音,然而万物生长无不体现其德行,无有例外。让天下人都沐浴斋戒,穿上华丽的祭服,虔诚地祭祀它们。浩浩荡荡啊,鬼神好像漂浮在人们的上空,又像流动在人们的身边。《诗经·大雅·抑》中说:'鬼神的来临,不可测度,怎么可以对它们懈怠不敬呢!'鬼神的行迹隐微,但其功德昭著,从隐微到昭著,真实而不可掩盖,就是这样啊。"

【朱熹提示】

右第十六章。

【译文】

上面一段是第十六章。

第十七章　知　天

子曰："舜其大孝也与！德为圣人①，尊为天子，富有四海之内②，宗庙飨之③，子孙保④之。故大德必得其位，必得其禄，必得其名，必得其寿。故天之生物，必因其材⑤而笃⑥焉。故栽者培之⑦，倾者覆之⑧。《诗》曰：'嘉乐君子，宪宪令德；宜民宜人，受禄于天；保佑命之，自天申之。'⑨故大德者必受命。"

【注释】

① 圣人：儒家理想人格，指道德智能极高的人。
② 富有四海之内：四海之内都是他的财富。四海，泛指全国。
③ 宗庙飨（xiǎng）之：指在宗庙里受祭献。宗庙，古代天子、诸侯祭祀祖先的地方。飨，祭献。
④ 保：保持。
⑤ 材：本质，本性。
⑥ 笃（dǔ）：厚重。
⑦ 栽者培之：栽植后加以培养。
⑧ 倾者覆之：倾倒后给予覆灭。
⑨ "《诗》曰"句：出自《诗经·大雅·假乐》。这是一首为周成王歌功颂德的诗。嘉乐，欢乐，快乐。君子，指周成王。宪宪，繁荣兴盛的样子。令，善，美。民，指百姓。人，指士大夫以上的人。申，重。

【译文】

孔子说："舜可以算是一个最孝顺的人吧！他有圣人的崇高品德，

又有天子的尊贵地位，拥有全天下的财富，享受宗庙中的祭祀，子子孙孙都保持他的功业。所以具有崇高品德的人一定会得到尊贵的地位，一定会得到优厚的俸禄，一定会得到美好的声名，一定会得到健康和长寿。所以天地生育万物，一定会依据其材质而加以培养，能够栽培的就加以培养，倾倒枯萎的就任其覆灭。《诗经·大雅·假乐》中说：'美好快乐的君子，他的美德显耀四方；与百姓、百官相处融洽，获得上天恩赐的福禄；上天保佑他啊，让他的福禄能长久享有。'所以，具有崇高品德的人一定会承受天命而成为天下君王。"

【朱熹提示】

右第十七章。

【译文】

上面一段是第十七章。

第十八章　齐　家

子曰："无忧者，其惟文王[①]乎！以王季[②]为父，以武王[③]为子，父作之，子述之。武王缵[④]大王[⑤]、王季、文王之绪[⑥]。壹戎衣[⑦]而有天下，身不失天下之显名。尊为天子，富有四海之内。宗庙飨之，子孙保之。"

【注释】

① 文王：即周文王，姓姬，名昌，西周开国国君古公亶父的孙子，商朝末期周族领袖。
② 王季：名季历，又称西伯，古公亶父的儿子，文王之父。
③ 武王：即周武王，姓姬，名发，文王之子，西周王朝的建立者。
④ 缵（zuǎn）：继承，继续。
⑤ 大王：即太王，指古公亶父。
⑥ 绪：延续，指前人未竟的事业。
⑦ 壹戎衣：即推翻大殷。壹，同"殪（yì）"，歼灭。戎，大。衣，"殷"的误读。一说是一披上战袍就伐纣取胜而夺取天下。

【译文】

孔子说："无忧无虑的人，大概只有文王吧！他有王季那样的父亲，又有武王那样的儿子，父亲王季为他开创了事业，儿子武王继承了他的事业。武王继承了曾祖太王、祖父王季、父亲文王的事业，灭掉了大殷，夺得了天下。武王虽然以武力推翻殷商，但却无损于他显赫天下的美好声名，被人们尊为天子，拥有全天下的财富，享受宗庙中的祭祀，子子孙孙永无断续。"

"武王末①受命,周公②成文武之德,追王③大王、王季,上祀先公以天子之礼。斯礼也,达④乎诸侯大夫,及⑤士庶人。父为大夫,子为士;葬以大夫,祭以士。父为士,子为大夫;葬以士,祭以大夫。期之丧⑥,达乎大夫;三年之丧,达乎天子;父母之丧,无贵贱一也。"

【注释】

① 末:晚年。

② 周公:姓姬,名旦,周武王的胞弟,西周初年政治家,曾辅助武王灭掉殷商。因其采邑在周,因此历史上又称其"周公"。武王死后,成王年幼,周公作为摄政大臣,为天下制礼作乐,巩固了周王朝最初的统治。

③ 追王:后代追封先祖以"王"的称号。

④ 达:到,至。

⑤ 及:推及,普及。

⑥ 期(jī)之丧:一周年的守丧期。期,一整年。

【译文】

"武王晚年受命于天而平定天下,周公辅助成王,成就了文王、武王的德业,追尊太王、王季为王,用天子的礼祭祀祖先。这种礼制一直实行到诸侯、大夫,以及士和庶人中间。如果父亲为大夫,儿子为士,那么父亲死后就要按大夫的礼制安葬,按士的礼制祭祀。如果父亲为士,儿子为大夫,那么父亲死后就要按士的礼制安葬,按大夫的礼制祭祀。为其他亲人服丧一年的丧礼,一直实行到大夫;为父母服丧三年的丧礼,一直实行到天子;为父母服丧,无论贵贱都是一样的。"

【朱熹提示】

右第十八章。

【译文】

上面一段是第十八章。

第十九章　齐　家

子曰："武王、周公，其达孝矣乎①！夫孝者，善继人②之志，善述人之事者也。春秋修其祖庙③，陈其宗器④，设其裳衣⑤，荐其时食⑥。宗庙之礼，所以序昭穆⑦也；序爵⑧，所以辨贵贱也；序事⑨，所以辨贤也；旅酬下为上⑩，所以逮贱也⑪；燕毛⑫，所以序齿也。践其位⑬，行其礼，奏其乐，敬其所尊，爱其所亲，事死如事生，事亡如事存，孝之至也。郊社之礼⑭，所以事上帝也；宗庙之礼，所以祀乎其先也。明乎郊社之礼，禘尝之义⑮，治国其如示诸掌⑯乎。"

【注释】

① 其达孝矣乎：是通达孝道的人吧。达，通。
② 人：指祖先。
③ 春秋修其祖庙：春秋，一年四季的代称，这里指祭祀的季节。祖庙，供奉祖宗神位的地方。《礼记》中记载周代的祭祖庙制为：天子七庙，诸侯五庙，大夫三庙，士一庙，庶人祭于寝。
④ 陈其宗器：陈列着祭祀时所用的祭器。
⑤ 设其裳衣：陈设着祖宗生前穿过的衣服。裳指下衣，衣指上装。
⑥ 荐其时食：给祖宗进献时令鲜食。荐，进献，献上。时食，祭祀用的时令鲜食。
⑦ 序昭穆：排列昭穆的次序。按照周礼，宗庙中的排列是有一定顺序的，即左昭右穆，祭祀时，以始祖牌位居中，第二、四、六世之祖为昭，第三、五、七世之祖为穆。

⑧ 序爵：按官爵大小排列次序。
⑨ 序事：按在祭祀时担任的职事排列次序。事，职事，职务。
⑩ 旅酬下为上：指子弟向长辈、旁系亲属的兄弟向直系亲属的兄弟敬酒。旅，众人。酬，敬酒。
⑪ 所以逮贱也：意为祖宗的恩惠惠及晚辈。逮，及。
⑫ 燕毛：意思是指祭祀完毕后举行宴饮时，以头发的颜色来区别老少长幼，以安排宴会的座次。燕，同"宴"，宴会。毛，毛发，头发，意为长幼。
⑬ 践其位：指各在其位，站在应站的位置上。
⑭ 郊社之礼：郊是祭天，社是祭地，指祭奉天地神明。
⑮ 禘（dì）尝之义：禘，天子宗庙中极为隆重的大祭，每五年举行一次。尝，每年秋天所举行的常祭。
⑯ 示诸掌：与人看自己的手掌一般。示，同"视"。

【译文】

　　孔子说："武王、周公，是最通达于孝道的人吧！能够实行孝道的人，就善于继承先人的遗志，善于继续先人未竟的事业。春秋祭祀时节，修缮先祖宗庙，陈列祭祀器物，陈设祖先穿过的衣服，进献时令鲜食。宗庙的礼仪，是用来排列父子、长幼、亲疏的顺序的；把官职爵位的次序排列出来，是用来区别贵贱的；把祭祀时担任执事的主次排列出来，是用来区别才能高低的；祭祀完毕后举行宴饮时，地位卑下者先敬酒，是为了表示祖宗的恩惠已惠及晚辈；宴饮时按头发的颜色就座，是为了使老少长幼秩序井然。参加祭祀的人都各就其位，行先王传下来的祭礼，奏先王时代的音乐，尊敬先王所尊敬的，亲爱先王所亲爱的，侍奉死者就像侍奉活着的人一样，侍奉亡故者就像侍奉生存着的人一样，这就是孝的最高境界。制定了郊祭和社祭的礼仪，是为了侍奉天地神明的；制定了宗庙里的礼仪，是为了侍奉祖先的。明白了郊祭、社祭的礼仪，大祭、小祭的意义，治理国家就像把自己手掌里的东西指给人看一样。"

【朱熹提示】

右第十九章。

【译文】

上面一段是第十九章。

第二十章　治　国

　　哀公①问政。子曰:"文武之政②,布在方策③。其人④存,则其政举;其人亡,则其政息。人道敏政⑤,地道敏树⑥。夫政也者,蒲卢⑦也。故为政在人,取人以身⑧,修身以道,修道以仁。仁者,人也⑨,亲亲为大⑩;义者,宜也,尊贤为大。亲亲之杀⑪,尊贤之等,礼所生也。"

【注释】

① 哀公:即鲁哀公,春秋时鲁国国君,姓姬,名蒋,"哀"是他的谥号。

② 文武之政:周文王、周武王所施行的仁政。

③ 布在方策:记载于典籍之中。布,陈列。方策,指典籍。方,古时书写用的木板。策,同"册",书写用的竹简。

④ 人:指贤人,有才能的人。

⑤ 人道敏政:人道,儒家思想范畴,指关于人事、人伦、处世的法则,与天道、地道并称。敏,致力。

⑥ 地道敏树:意为用沃土种植的道理。树,栽培,种植。

⑦ 蒲卢:即芦苇,一种生长迅速的草本植物,这里用它来比喻君子从政,如果有贤才帮助就会很快成功。

⑧ 取人以身:意思是说,要想得到贤才的辅助,在于修养自身的品德。

⑨ 仁者,人也:意思是说,所谓的"仁",就是指人们之间相亲相爱。

⑩ 亲亲为大:意思是说,人们虽然相互亲爱,但都是以爱自己的亲人为主要方面。

⑪ 杀:减退,降低。

【译文】

鲁哀公向孔子请教为政的道理。孔子说:"周文王、武王的政令,都记载在典籍中。得到贤才的辅助,这些政令就能得以实行;得不到贤才的辅助,这些政令就会失败。以贤才施政的道理在于致力政治昌明,以沃土种植的道理在于致力树木生长。贤人施政的成效,就像繁殖迅速的芦苇一样。因此,君子施政的关键在于取得贤才的辅助,获得贤才的帮助在于修养自身的品德,修养自身品德在于遵循天下通行的原则,遵循天下通行的原则在于君子的仁爱之心。所谓仁,就是人与人之间相互亲爱,尤其要亲爱自己的亲人;所谓义,就是做人做事要达到适宜的程度,尤其要尊敬贤人。亲爱亲人时有远近亲疏之分,尊敬贤人时有高低等级之分,这些都是制定礼制的依据。"

"在下位不获乎上,民不可得而治矣。故君子不可以不修身。思修身,不可以不事亲;思事亲,不可以不知人;思知人,不可以不知天。"

天下之达道①五,所以行之者三,曰:君臣也,父子也,夫妇也,昆弟也,朋友之交也。五者,天下之达道也。知、仁、勇②三者,天下之达德③也,所以行之者一也。

或生而知之④,或学而知之,或困而知之,及其知之一也。或安而行之,或利而行之,或勉强而行之,及其成功一⑤也。

子曰:"好学近乎知⑥,力行近乎仁⑦,知耻近乎勇⑧。知斯三者,则知所以⑨修身;知所以修身,则知所以治人;知所以治人,则知所以治天下国家矣。"

【注释】

① 达道:指通行于天下的道理。

② 知、仁、勇:儒家伦理思想中认为人所具备的重要品德。知,

同"智"。

③ 达德：指通行于天下的品德。

④ 生而知之：天生就知道。孔子认为，人的资质可分为三等，最上等的是"生而知之者"，其次是主动学习后知道的人，再次是遇到困难后被迫学习的人。

⑤ 一：专一，诚实。

⑥ 好学近乎知：勤勉学习就能接近智慧。

⑦ 力行近乎仁：努力行善就接近于仁爱。

⑧ 知耻近乎勇：知道羞耻就接近于勇敢。

⑨ 所以：……的原因。

【译文】

"处在下位的人臣，如果得不到君主的信任，就不能够治理好民众。所以君子不可以不修养自身的品德。要修养自身的品德，就不能不侍奉自己的亲人；要侍奉自己的亲人，就不能不尊贤爱人；要尊贤爱人，就不能不了解天命。"

通行于天下的道理有五条，实践这些道理需要三种美德，那就是：君臣之道、父子之道、夫妇之道、兄弟之道、与朋友交往之道，这五条就是通行于天下的道理。智慧、仁爱、勇敢，这三项是通行于天下的美德。实践这些道理，成就这些美德，就要诚实专一。

有的人天生就懂得这些道理，有的人需要学习才懂得这些道理，有的人感到困惑后再去学习才懂得这些道理。虽然他们知道有先后，但就最终懂得道理的结果来说，他们都是一样的。有的人心安理得地去实践这些道理，有的人是为贪图利益才去实践这些道理，有的人则是勉强地去实践这些道理。虽然他们实践这些道理的动机、心态各有不同，但最后还是成功了，在这一点上却是一样的。

孔子说："爱好学习就接近智慧了，努力行善就接近仁爱了，知道廉耻就接近勇敢了。知道这三点，就知道应该怎样修养自身的品德了；知道怎样修养自身的品德，也就知道应该怎样治理民众了；知道应该怎样治理民众，也就知道应该怎样治理天下国家了。"

凡为①天下国家有九经②，曰：修身也，尊贤也，亲亲也，敬大臣也，体③群臣也，子庶民④也，来百工⑤也，柔远人⑥也，怀诸侯⑦也。修身则道立⑧，尊贤则不惑，亲亲则诸父昆弟不怨，敬大臣则不眩⑨，体群臣则士之报礼重，子庶民则百姓劝⑩，来百工则财用足，柔远人则四方归之，怀诸侯则天下畏之。

【注释】

① 为：治理。
② 九经：九条准则。经，规则、准则。
③ 体：体察、体谅、体贴。
④ 子庶民：意为如同父母爱护儿女一样对待百姓。子，动词，爱民如子。
⑤ 来百工：招集各种有技艺的手工工匠。来，招来，招集。百工，各种手工工匠的总称。
⑥ 柔远人：意为安抚边远地区的少数民族。柔，怀柔，安抚，优待。
⑦ 怀诸侯：怀，安抚，安慰。诸侯，古代天子分封的各邦国君称为诸侯。根据规定，在封疆内，诸侯虽然享有世代统治大权，但要服从王命，定期朝贡述职，同时还有出军赋和服役的义务。
⑧ 修身则道立：能够修养自身品德，也就确立了为人处世的原则。
⑨ 不眩：不迷惑。眩，眼花，引申为迷惑。
⑩ 劝：劝勉，努力。

【译文】

大凡国君治理天下国家的准则有九条，这就是：修养自身品德，尊敬贤人，亲爱亲族，敬重大臣，体贴群臣，爱民如子，鼓励百工，优待边远民族，安抚四方诸侯。修养自身品德，也就确立了根本的准则；尊重贤人，就不会被假象所迷惑；亲爱亲族，亲人之间、叔伯兄弟之间就不会产生怨恨；敬重大臣，就不会处事迷乱；体贴群臣，士子就会以重礼相报；爱民如子，百姓就会勤勉效力；鼓励百工，国家就会财用充足；优待边远少数民族，四方百姓就会归顺朝廷；安抚诸侯，就能使天下人畏服。

齐明盛服①，非礼不动，所以修身也。去谗远色②，贱货而贵德③，所以劝贤也。尊其位，重其禄，同其好恶，所以劝亲亲也。官盛任使④，所以劝大臣也。忠信重禄，所以劝士也。时使⑤薄敛⑥，所以劝百姓也。日省月试⑦，既廪称事⑧，所以劝百工也。送往迎来，嘉善而矜不能⑨，所以柔远人也。继绝世⑩，举废国⑪，治乱持⑫危，朝聘⑬以时，厚往而薄来，所以怀诸侯也。凡为天下国家有九经，所以行之者一也。

【注释】

① 齐明盛服：指内心虔诚而外表仪容端庄整齐。
② 去谗远色：摈除那些讲别人坏话的人，远离美色。去，摈除。谗，谗言，这里指说坏话的人。色，女色。
③ 贱货而贵德：轻视财货而重视美德。贱，以……为贱。贵，以……为贵。
④ 官盛任使：官员众多足够朝廷任用。
⑤ 时使：即"使民以时"，安排百姓服劳役，但不要耽误农时。
⑥ 薄敛：减轻向百姓征收税赋。薄，减轻。敛，征收。
⑦ 日省（xǐng）月试：每日要视察，每月要考核。省，视察。试，考核。
⑧ 既廪（xilǐn）称事：发给别人的薪资粮米，要与其工作成效相符

合。称，相称，符合。事，工效，工作成果。

⑨ 嘉善而矜（jīn）不能：有善行的要嘉奖，才能低下者要给予同情。矜，怜悯、同情。

⑩ 继绝世：使已经中断俸禄的世系家族恢复食禄，使其得以延续。继，承继，延续。

⑪ 举废国：使已被废灭的邦国得以复兴。举，复兴，振兴。

⑫ 持：扶持，解救。

⑬ 朝聘（pìn）：古代诸侯定期朝见天子。每年一见叫小聘，三年一见叫大聘，五年一见叫朝聘。

【译文】

内心要虔诚，外表要端庄，不符合礼仪的事不做，这就是修养自身品德的方法。摈除谗佞，远离美色，轻视财货而重视美德，这就是劝勉贤才的方法。使亲人地位尊贵，俸禄优厚，在喜好上与他们保持一致，这就是劝勉亲族的方法。为大臣多设置属官，足够他们任用指使，这就是劝勉大臣的方法。对士臣忠诚守信，给予他们优厚的俸禄，这就是劝勉群臣的方法。役使百姓而不违农时，减轻他们的赋税，这就是劝勉百姓的方法。每日视察，每月考核，给予的薪俸与他们的工效相符合，这就是劝勉百姓的方法。盛情相送，热情相迎，有善行的要嘉奖，有不足的要同情，这就是安抚边远少数民族的方法。延续已经中断俸禄的世系家族，复兴已经颓废的邦国，治理混乱，解救危难，定期接受诸侯朝聘，多加恩赐，少受贡礼，这就是安抚诸侯的方法。大凡国君治理天下国家的准则有九条，但实行他们的道理都是一样的。

凡事豫①则立，不豫则废。言前定则不跲②，事前定则不困，行前定则不疚③，道前定则不穷。

在下位不获乎上，民不可得而治矣。获乎上有道，不信乎朋友，不获乎上矣。信乎朋友有道，不顺乎亲④，不信乎朋友矣。顺乎亲有道，反诸身不诚⑤，不顺乎亲矣。诚身有道，不明乎善，不诚乎身矣。

诚者，天之道也；诚之⑥者，人之道也。诚者，不勉而中⑦，不思而得，从容中道，圣人也。诚之者，择善而固执⑧之者也。

博学之，审问之，慎思之，明辨之，笃行之。有弗学，学之弗能弗措也⑨；有弗问，问之弗知弗措也；有弗思，思之弗得弗措也；有弗辨，辨之弗明弗措也；有弗行，行之弗笃弗措也。人一能之，己百之；人十能之，己千之。果能此道矣，虽愚必明，虽柔必强。

【注释】

① 豫：同"预"，准备，预谋。
② 跲（jiá）：绊倒。这里指说话不通畅。
③ 疚：内心不安。
④ 顺乎亲：顺，使动词，使顺心、高兴。亲，指父母。
⑤ 反诸身不诚：反省自己做人，没有能做到真诚忠实。
⑥ 诚之：使之诚，使自己做到诚。诚是天运行的规律，也是圣人所处的一种境界。诚之者，是人为的诚，是普通人应该遵循的原则。
⑦ 不勉而中：指圣人不必勉强就能自然符合善道。
⑧ 择善而固执：选择好的行为，坚定地去做。
⑨ 弗措也：弗，不。措，废置，搁置。

【译文】

凡事预先有所谋划就能成功，没有预先谋划就会失败。说话前预先考虑好就不会被中断，做事前预先考虑好就不会被困阻，行动前预先考虑好就不会后悔，行事原则预先确定好就不会陷入绝境。

处在下位的人如果得不到上级的信任，就不能够治理好百姓。得到上级的信任是有条件的，得不到朋友的信任就得不到上级的信任；

得到朋友的信任是有条件的，不孝顺父母就得不到朋友的信任；孝顺父母是有条件的，自己心不诚就不能孝顺父母；使自身真诚是有条件的，不明晓善道就不能使自身真诚。

真诚，是天赋的品德；使自己真诚，是人为的修养。天赋真诚的人，不必勉力去做就能符合善道，不必苦心思虑就能通晓善道，从容不迫地达到中庸之道，这种人就是圣人。使自身真诚的人，就必须选择至善的道德，并坚定不移地去实行它。

广泛地学习，审慎地提问，慎重地思考，明确地辨别，坚定地执行。要么不学习，学习了而没有学会，就不要放弃；要么不提问，提问了而没有弄明白，就不要放弃；要么不思考，思考了而没有得到答案，就不要放弃；要么不辨别，辨别了而没有弄清楚，就不要放弃；要么不实行，实行了而没有坚持到底，就不要放弃。别人一次能做到的，我付出百倍的努力；别人十次能做到的，我付出千倍的努力。果真能做到这样，即使愚笨的人也一定会明慧起来，即使柔弱的人也一定会坚强起来。

【朱熹提示】

　　右第二十章。

【译文】

　　上面一段是第二十章。

第二十一章　知　性

自诚明，谓之性①；自明诚，谓之教②。诚则明矣，明则诚矣。

【注释】
① 自诚明，谓之性：意思是说，由天赋的真诚而明晓道理，是人的天性。自，由。性，本性。
② 自明诚，谓之教：意思是说，由明晓道理而使内心真诚，叫作教化。

【译文】
由内心真诚而能明晓道理，叫作天性；由明晓道理而能使内心真诚，叫作教化。内心真诚就会明晓道理，明晓道理就会使内心真诚。

【朱熹提示】
右第二十一章。子思承上章夫子天道、人道之意而立言也。自此以下十二章，皆子思之言，以反复推明此章之意。

【译文】
上面一段是第二十一章。是子思承接上章孔子所说天道、人道的旨意而发表的看法。从这以后的十二章，都是子思的话，用来反复推论、阐明这一章的意思。

第二十二章　诚　意

唯①天下至诚②,为能尽其性③;能尽其性,则能尽人之性;能尽人之性,则能尽物之性;能尽物之性,则可以赞天地之化育;可以赞④天地之化育,则可以与天地参⑤矣。

【注释】
① 唯:只有。
② 至诚:指至诚的人,即圣人。
③ 尽其性:充分发挥人的本性。
④ 赞:赞助,帮助。
⑤ 参:并立,并列。

【译文】
只有天下最真诚的人,才能充分发挥天赋的本性;能充分发挥天赋的本性,就能充分发挥其他人的本性;能充分发挥其他人的本性,就能充分发挥天下万物的本性;能充分发挥天下万物的本性,就能帮助天地化育万物;能帮助天地化育万物,就可以与天地并列为三了。

【朱熹提示】
右第二十二章。

【译文】
上面一段是第二十二章。

第二十三章　诚　意

其次①致曲②，曲能有诚。诚则形③，形则著④，著则明⑤，明则动，动则变⑥，变则化⑦。唯天下至诚为能化。

【注释】

① 其次：次一等的人。指次于"自诚明"的圣人，即贤人。
② 致曲：指从平时一言一行入手，推究出细微事物的道理。致，推致。曲，细微的事物。
③ 形：显露，表现。
④ 著：显著。
⑤ 明：显明，通明。
⑥ 变：变革，指变革的人心。
⑦ 化：感化，指使人于不自觉中从善如流。

【译文】

那些次于圣人的贤人，把真诚推致细微的事物上，在细微的事物上做到真诚。达到真诚就会表现出来，表现出来就会日益显著，日益显著就会通明显豁，通明显豁就会感动万物，感动万物就会变革人心，变革人心就会感化民众。只有天下最真诚的人才能感化民众。

【朱熹提示】

右第二十三章。

【译文】

上面一段是第二十三章。

第二十四章 治 国

至诚之道，可以前知①。国家将兴，必有祯祥②；国家将亡，必有妖孽③。见乎蓍龟④，动乎四体⑤。祸福将至：善，必先知之；不善，必先知之。故至诚如神⑥。

【注释】

① 至诚之道，可以前知：意思是说，人能达到至诚，就可以预知未来。
② 祯（zhēn）祥：吉祥的征兆。本来有而现在消失的物象叫作"祯"，本来没有而现在出现的物象叫作"祥"。
③ 妖孽：物类反常的现象。草木之类的怪物叫作"妖"，虫豸之类的怪物叫作"孽"。
④ 见乎蓍（shī）龟：见，通"现"。蓍，一种高可数尺的草，古人用其茎以筮吉凶。龟，龟甲，古人用以卜吉凶。
⑤ 动乎四体：从人们的仪表、行动中察觉出来。四体，四肢，手足。
⑥ 神：神明。

【译文】

达到最高境界的真诚，可以预知未来。国家即将兴盛，一定会有吉祥的征兆；国家将要灭亡，一定会有妖孽出来作怪。这些可以从蓍草、龟甲的占卜中发现，也可以从人们的仪表、动作中察觉。祸福即将来临时：是福，一定能预先知道；是祸，也一定能预先知道。因此，最真诚的人如同神明一样。

【朱熹提示】

右第二十四章。

【译文】

上面一段是第二十四章。

第二十五章 诚 意

诚者自成①也，而道自道②也。诚者，物之终始，不诚无物。是故君子诚之为贵。诚者，非自成己而已③也，所以成物也。成己，仁也；成物，知也。性之德④也，合外内之道也，故时措⑤之宜也。

【注释】

① 自成：自己成全自己。
② 自道：自己引导自己。道，同"导"，引导。
③ 非自成己而已：并非只是成全自己就完了。己，自己。已，停止。
④ 性之德：发自本性的品德。
⑤ 措：用，实施。

【译文】

真诚是自己成全自己，而道是自己引导自己。真诚，贯穿于一切事物的始终，没有真诚就没有万物。因此君子以真诚为贵。真诚，并非只是成全自己就够了，还要成全万物。成全自己，是仁爱的表现；成全万物，是智慧的表现。天赋的品德，是结合了天地内外的道理，因此随时施行才是合宜的。

【朱熹提示】

右第二十五章。

【译文】

上面一段是第二十五章。

第二十六章　博　学

故至诚无息。不息①则久，久则征②，征则悠远，悠远则博厚，博厚则高明。博厚，所以载物也；高明，所以覆物也；悠久，所以成物也。博厚配地③，高明配天，悠久无疆④。如此者，不见而章⑤，不动而变，无为而成。

【注释】

① 息：停息，间断。
② 征：证验，效验。
③ 配地：意为与地有同样功效。配，匹配。
④ 无疆：无穷无尽。
⑤ 不见而章：见，通"现"，表现，呈现。章，同"彰"，彰明，显著。

【译文】

所以最真诚的品质是永不停息的。不停息就能长久，长久就会有效验，有效验就会悠远无穷，悠远无穷就会广博深厚，广博深厚就会高大光明。广博深厚，用以承载天下万物；高大光明，用以覆盖天下万物；悠远无穷，用以生长天下万物。广博深厚与地的品质相配，高大光明与天的品质相配，悠远无穷就像天地那样无边无际。像这样，不表现却自然彰明，不行动却自然感人化物，无所作为却自然成就万物。

天地之道，可一言而尽也：其为物不贰①，则其生物不测。天地之道：博也，厚也，高也，明也，悠也，久也。今夫天，斯昭昭②之多，及其无穷也，日月星辰③系④焉，万物覆焉。今夫地，一撮土⑤之多，及其广厚，载华岳⑥而不重，振⑦河海而不泄⑧，万物载焉；今夫山，一卷石⑨之多，及其广大，草木生之，禽兽居之，宝藏兴⑩焉；今夫水，一勺⑪之多，及其不测⑫，鼋鼍⑬、蛟龙⑭、鱼鳖生焉，货财殖⑮焉。

《诗》云："维天之命，於穆不已⑯！"盖曰天之所以为天也。"於乎不显，文王之德之纯⑰。"盖曰文王之所以为文也，纯亦不已。

【注释】

① 不贰：唯一，指至诚。
② 昭昭：光明，明亮。
③ 星辰：星系的统称。
④ 系：悬系，悬挂。
⑤ 一撮土：指人们立足的只是一撮土地。撮，用两三个指头撮取的分量，意为很少的数量。
⑥ 华岳：即西岳华山。为五岳之一，在今陕西省东部。
⑦ 振：收拢。这里引申为"收容"。
⑧ 泄：泄漏。
⑨ 一卷（quán）石：卷，通"拳"，拳手般的石块，言石块之小。
⑩ 兴：兴起，孕育。
⑪ 勺：古代舀酒的器具，形如有曲柄的小斗。
⑫ 不测：不可测度。
⑬ 鼋鼍（yuántuó）：鼋，又叫绿团鱼，背甲近圆形，暗绿色。鼍，即扬子鳄，背部暗褐色，有角质鳞片。
⑭ 蛟龙：蛟，传说中龙的一种，据说能引发洪水。龙，古代传说中的一种有须有鳞能兴云作雨的神异动物。
⑮ 殖：生殖，繁殖。

⑯ 维天之命，於（wū）穆不已：出自《诗经·周颂·维天之命》。这是一首赞美周文王的乐歌。维，语助词。於，叹词。穆，深远。不已，不止，无穷。

⑰ 於乎不显，文王之德之纯：出处同上。於乎，同"呜呼"。显，显明，光明。文王，指周文王。纯，纯洁无瑕。

【译文】

天地的法则，可以用一句话概括：它自身真诚不二，化生万物深奥难测。天地的法则就是：广博、深厚、高妙、光明、悠远、长久。现在我们所说的天，它只不过是由一小块一小块的光明组成的，等到它成为无边无际的天空，日月星辰悬系在上面，天下万物都被它覆盖着；现在我们所说的地，也不过是由一小撮一小撮的土组成的，等到它成为广博深厚的大地，承载华山也不觉沉重，汇聚江河湖海而不泄漏，天下万物都由它承载着；现在我们所说的山，只不过是由一块一块的小石头积聚而成的，等到它成为广阔高峻的大山，草木花卉生长在上面，飞禽走兽居住在上面，金银宝藏都从中孕育出来；我们现在所说的水，也不过是由一小勺一小勺地汇聚起来的，等到它成为深广难测的大江大河，鼋鼍、蛟龙、鱼鳖生长在里面，各种财货都从中繁殖出来。

《诗经·周颂·维天之命》中说："天命运行，啊，真是深远无穷！"这大概是说天之所以为天的道理吧。"呜呼！多么显赫光明啊，文王的德行如此纯正。"这大概是说，周文王之所以被追谥为"文"，就是因为其纯正的德行常行不息。

【朱熹提示】

右第二十六章。

【译文】

上面一段是第二十六章。

第二十七章　修　身

大哉,圣人之道!洋洋^①乎,发育万物,峻^②极于天。优优^③大哉,礼仪^④三百,威仪^⑤三千,待其人^⑥而后行。故曰苟不至德,至道不凝^⑦焉。故君子尊德性^⑧而道问学^⑨,致广大而尽精微,极高明而道中庸,温故而知新,敦厚以崇礼。

是故居上不骄^⑩,为下不倍^⑪。国有道^⑫,其言足以兴^⑬;国无道^⑭,其默足以容^⑮。《诗》曰:"既明且哲,以保其身^⑯。"其此之谓与!

【注释】

① 洋洋:盛大的样子。

② 峻:高大。

③ 优优:宽裕充足的样子。

④ 礼仪:古代礼节的主要规则,又称经礼。

⑤ 威仪:古代典礼中的动作规范及待人接物的礼节,又称曲礼。

⑥ 其人:指圣人。

⑦ 凝:凝聚集中,这里意指成功。

⑧ 尊德性:尊,遵从,顺从。德性,天性。

⑨ 道问学:道,由,从。问学,询问及学习。

⑩ 居上不骄:居上,处在上位,指国君。骄,骄慢,矜持。

⑪ 倍:通"悖",背弃,违背。

⑫ 国有道:指国家实行正道,政治清明。

⑬ 兴:兴盛,振兴。

⑭ 国无道:指国家背离正道,政治黑暗。

⑮ 其默足以容：意为缄默不语，足以为执政者所容。容，容身，保全自己。

⑯ 既明且哲，以保其身：出自《诗经·大雅·烝民》，这是一首歌颂大臣的诗。哲，智慧，指能够洞察事理。

【译文】

伟大啊，圣人之道！它浩浩荡荡，充满天地之间，生长发育万物，与天一样崇高。充裕而又伟大啊，礼仪有数百条，威仪有数千条，等待圣人出现后才能推行。所以说，如果没有完美的德行，完美的道就不会成功。因此，君子顺从天性而通过询问、学习，既能达到宽广博大的宏观境界，又能穷尽精微细致的微观境界，达到高明的极点，而又能遵循中庸之道，温习已经掌握的知识而又有新的见解，为人朴实厚道而又崇尚礼仪。

因此，君子身处上位而不骄傲，身处下位而不背弃。国家政治清明时，他的言论足以振兴国家；国家政治黑暗时，他沉默不语足以保全自身。《诗经·大雅·烝民》中说："既明达，又智慧，这样才能保全自身。"大概说的就是这个意思吧！

【朱熹提示】

右第二十七章。

【译文】

上面一段是第二十七章。

第二十八章　明　道

子曰："愚而好自用①，贱而好自专②，生乎今之世，反古之道③。如此者，灾及其身者也。"

非天子，不议礼④，不制度⑤，不考文⑥。今天下车同轨⑦，书同文⑧，行同伦⑨。虽有其位，苟无其德，不敢作礼乐焉；虽有其德，苟无其位，亦不敢作礼乐焉。

子曰："吾说夏礼⑩，杞⑪不足征也；吾学殷礼，有宋⑫存焉；吾学周礼⑬，今用之。吾从周。"

【注释】

① 自用：只凭自己的主观意图行事，不虚心向别人求教。
② 自专：独断专行，不肯听从别人的意见。
③ 反古之道：恢复古代圣贤所制订的制度、规范。
④ 议礼：议论礼仪，指修订礼仪。
⑤ 制度：创立法度。制，制定。度，法度。
⑥ 考文：考订文字。
⑦ 车同轨：各种车子的轮距是一样的量度。古代造车，两轮之间的距离都有定制。轨，车子两轮之间的距离。
⑧ 书同文：书写的是同样的文字。
⑨ 行同伦：待人接物遵守同样的道德规范。伦，指伦理规范。
⑩ 说夏礼：说，解说，谈论。夏礼，夏朝的礼乐制度。
⑪ 杞（qǐ）：古国名，在今河南杞县。相传杞国的开国君主是夏禹后裔东楼主。

⑫ 宋：古国名，故城在今河南商丘县南。相传宋国的开国君主是商纣的庶兄微子启。

⑬ 周礼：周朝的礼乐制度，相传为周公所定，是儒家极力推崇的一种理想社会制度。

【译文】

孔子说："愚蠢却又爱刚愎自用，卑贱却又好独断专行，生活在当今时代，却偏要去恢复古代的制度，像这样的人，灾祸一定会降临在他的身上。"

不是天子，不要修订礼制，不要创立法度，不要考订文字。如今天下一统，车轮的轨距相同，书写的文字相同，做人的规矩相同。即使有天子的地位，如果没有圣人的德行，不敢制订礼乐制度；即使有圣人的德行，如果没有天子的地位，也不敢制订礼乐制度。

孔子说："我谈论夏代的礼制，夏的后代只有一个杞国，不足以验证它；我学习殷代的礼制，现在还有殷商的后代宋国保持着；我学习周代的礼制，现在正实行着它。我赞同周代的礼制。"

【朱熹提示】

右第二十八章。

【译文】

上面一段是第二十八章。

第二十九章　明　辨

王天下有三重焉①，其寡过矣乎！上焉者②，虽善无征，无征不信，不信民弗从。下焉者③，虽善不尊④，不尊不信，不信民弗从。

故君子之道，本诸身⑤，征诸庶民。考诸三王而不缪⑥，建诸天地而不悖⑦，质诸鬼神而无疑⑧，百世以俟⑨圣人而不惑。质诸鬼神而无疑，知天也；百世以俟圣人而不惑，知人也。是故君子动而世为天下道，行而世为天下法⑩，言而世为天下则⑪。远之则有望⑫，近之则不厌⑬。

《诗》曰："在彼无恶，在此无射。庶几夙夜，以永终誉。"⑭君子未有不如此而蚤⑮有誉于天下者也。

【注释】

① 王（wàng）天下有三重焉：统治天下需要做好三件大事。王，作动词用，称王，统治天下。三重，三件重要的事，即上章中所说的议礼、制度、考文。
② 上焉者：指处在上位的人。
③ 下焉者：指处在下位的人。
④ 不尊：没有尊贵的地位。
⑤ 本诸身：以自身的品德修养为根本。诸，之于。
⑥ 考诸三王而不缪：意为君子之道符合夏、商、周三代君王所立下的法则。考，考查。缪，谬误。
⑦ 建诸天地而不悖（bèi）：指君子之道符合天地间总的运行原则。建，立。悖，违背。

⑧ 质诸鬼神而无疑：指君子之道符合天道，鬼神不疑。质，质问。

⑨ 俟（sì）：等待。

⑩ 法：法度。

⑪ 则：准则。

⑫ 望：仰望，仰慕。

⑬ 厌：厌倦，怠慢。

⑭ "诗曰"句：出自《诗经·周颂·振鹭》。这是周王在招待来朝的诸侯时，在宴会上所唱的乐歌。意为，诸侯勤于政事，在本国无人憎恨，在朝廷也无人厌恨，每天早起晚睡，他们一定会长久地被人赞颂。恶，憎恶，厌恶。射（yì），厌弃，厌恨。庶几，差不多。夙（sù）夜，早晚。誉，荣誉，赞誉。

⑮ 蚤（zǎo）：通"早"。

【译文】

君王统治天下要做好"议礼、制度、考文"这三件重大的事情，就可以少犯错误！处在上位的人，品德虽好但没有得到验证，没有得到验证就得不到百姓的信任，百姓不信任就不会遵从。处在下位的人，品德虽好但地位不尊贵，地位不尊贵就得不到百姓的信任，百姓不信任就不会遵从。

所以，君子治理天下的道理，要以自身品德的修养为根本，要在百姓中得到验证。以夏、商、周三代君王的礼仪制度来考查而没有谬误，立于天地之间而没有悖理的地方，卜于鬼神而没有可怀疑的地方，等到百世以后的圣人出现也不会感到迷惑。卜于鬼神而没有可疑的地方，这是了解天意；等到百世以后圣人出现而不会感到迷惑，这是了解人心。因此，君子的举动能世世代代成为天下的法则，君子的行为能世世代代成为天下的法度，君子的言谈能世世代代成为天下的准则。离他远的则有仰慕之心，离他近的也不会有厌弃之意。

《诗经·周颂·振鹭》中说："诸侯在家没有人憎恨，在朝不遭人厌恶。一天到晚勤于政事，永远保持着美好的声誉。"君子没有不这样做却早有美名流传于天下的。

【朱熹提示】

右第二十九章。

【译文】

上面一段是第二十九章。

第三十章　知　法

仲尼祖述①尧舜，宪章②文武，上律天时③，下袭水土④。辟如⑤天地之无不持载⑥，无不覆帱⑦，辟如四时之错行⑧，如日月之代明⑨。万物并育⑩而不相害⑪，道并行而不相悖。小德川流，大德敦化⑫，此天地之所以为大也。

【注释】

① 祖述：传述前人的行为或学说。这里指孔子遵循的是尧、舜二帝的道统。

② 宪章：效法。这里指孔子效法的是周文王和周武王的典章制度。

③ 上律天时：对上遵循自然法则。律，遵循。天时，指自然变化的时序。

④ 下袭水土：对下遵循地理环境的变化要求。袭，符合。水土，代指地理环境。

⑤ 辟如：譬如。辟，通"譬"。

⑥ 持载：承载。

⑦ 覆帱（dào）：覆盖，遮盖。

⑧ 错行：错综运行，意为四时循环永不停息。

⑨ 代明：交替光明，意指日月交替照耀大地。

⑩ 并育：同时生长。

⑪ 相害：相互妨害。

⑫ 敦化：使万物达到敦厚纯朴的境地。

【译文】

　　孔子继承尧、舜的传统，效法周文王、周武王的典章制度，上遵循天时变化，下符合地理环境。就像天地没有什么不能承载，没有什么不能覆盖，就像四季的错综轮回，日月的交替光明。万物共同生长，相互并不妨害，天地之道同时并行，相互并不违背。小德如江河常流不息，大德敦厚而化育万物，这就是天地之所以盛大的原因。

【朱熹提示】

　　右第三十章。

【译文】

　　上面一段是第三十章。

第三十一章 修 身

唯天下至圣，为能聪明睿知①，足以有临②也；宽裕温柔，足以有容③也；发强刚毅④，足以有执⑤也；齐庄中正⑥，足以有敬也；文理密察⑦，足以有别⑧也。

溥博渊泉⑨，而时出之。溥博如天，渊泉如渊。见而民莫不敬，言而民莫不信，行而民莫不说。是以声名洋溢⑩乎中国，施及蛮貊⑪。舟车所至，人力所通，天之所覆，地之所载，日月所照，霜露所队⑫，凡有血气者，莫不尊亲。故曰配天。

【注释】

① 睿知：聪明智慧。知，通"智"。

② 有临：居上临下。

③ 有容：容纳，包容。

④ 发强刚毅：发，奋发。强，强健有力。刚，刚正。毅，坚毅。

⑤ 有执：决断。

⑥ 齐（zhāi）庄中正：齐庄，恭敬庄重。中正，不偏不倚。

⑦ 密察：密，详细。察，明察。

⑧ 有别：辨别是非正邪。

⑨ 溥（pǔ）博渊泉：溥博，辽阔广大。溥，广大，普遍。渊泉，深潭。

⑩ 洋溢：广泛传播。

⑪ 施（yì）及蛮貊（mò）：施及，蔓延，延伸。蛮貊，古代两个边远部族的合称，泛指未开化的少数民族。

⑫ 队：通"坠"，坠落。

【译文】

只有天下最圣明的人，才能够做到聪明睿智，完全可以临视万物；宽宏大量，温和柔顺，完全能够包容天下；发奋勇健，刚强坚毅，完全能够决断天下大事；威严庄重，公平正直，完全能够得到人们的称赞；条理清晰，详察明辨，完全能够辨别是非正邪。

圣人的美德广博而又深厚，并且时常会显现出来。其广博如天，深厚如渊。表现在仪容上，百姓无不敬佩；表现在言谈上，百姓无不信服；表现在行动上，百姓无不欢欣鼓舞。因此，他的美名广泛流传于中原大地，并且远播到边远的少数民族地区。凡是车船所能行驶到的地方，人力所能步行到的地方，天所覆盖的地方，地所承载的地方，日月照耀的地方，霜露降临的地方，只要是有血脉气息的人，没有不尊敬亲近他的。所以说圣人的美德可以与天相匹配。

【朱熹提示】

右第三十一章。

【译文】

上面一段是第三十一章。

第三十二章　诚　意

唯天下至诚，为能经纶①天下之大经，立天下之大本②，知天地之化育。夫焉有所倚？肫肫③其仁，渊渊其渊④，浩浩其天⑤。苟不固⑥聪明圣知达天德者⑦，其孰能知之？

【注释】

① 经纶：原指用蚕丝纺织前整理丝缕的一道工序，其中理其绪而分之曰经，比其类而合之曰纶，后用来比喻经营、管理政治的能力。
② 大本：根本。
③ 肫肫（zhūn）：诚挚恳切的样子。
④ 渊渊其渊：意为圣人的思想如潭水一样幽深。渊渊，水幽深的样子。
⑤ 浩浩其天：指圣人的美德像苍天一样广阔。浩浩，原指水浩大的样子，引申为广阔。
⑥ 固：实在。
⑦ 达天德者：通达天德的人。天德，天地之德性。

【译文】

只有天下最真诚的人，才能制定治理天下的法则，树立天下的根本原则，懂得天地化育万物的道理。他哪里有什么依傍呢？其仁心是那么诚挚，其心思是那么幽深，其美德是那么广大。如果他不是本来就聪明睿智通达天赋美德的人，还有谁能知道天地的真诚呢？

【朱熹提示】

右第三十二章。

【译文】

上面一段是第三十二章。

第三十三章 正 心

《诗》曰："衣锦尚䌹①。"恶其文之著也②。故君子之道，闇然而日章③；小人之道，的然④而日亡。君子之道，淡而不厌⑤，简而文，温而理⑥，知远之近，知风之自，知微之显⑦，可与入德矣。

《诗》云："潜虽伏矣，亦孔之昭⑧！"故君子内省不疚⑨，无恶于志⑩。君子之所不可及者，其唯人之所不见乎！

《诗》云："相在尔室，尚不愧于屋漏⑪。"故君子不动而敬，不言而信。

《诗》曰："奏假无言，时靡有争⑫。"是故君子不赏而民劝⑬，不怒而民威于铁钺⑭。

《诗》曰："不显惟德，百辟其刑之⑮。"是故君子笃恭而天下平。

《诗》云："予怀明德，不大声以色⑯。"子曰："声色之于以化民，末也。"

《诗》曰："德輶如毛⑰。"毛犹有伦⑱。"上天之载，无声无臭⑲。"至矣！

【注释】

① 衣锦尚䌹（jiǒng）：出自《诗经·卫风·硕人》。这首诗描述了卫庄公的夫人姜氏初嫁到卫国时的情况。衣，穿。锦，这里指色彩华美的丝绸服装。尚，加上，罩上。䌹，罩衣。
② 恶其文之著也：嫌那锦衣的文采太华丽了。著，显著。
③ 闇（àn）然而日章：闇然，暗淡的样子。闇，"暗"的异体字。日

章，日渐彰明。章，同"彰"。
④ 的（dì）然：鲜艳的样子。
⑤ 淡而不厌：冷淡但不至厌倦。
⑥ 简而文，温而理：简易而又有文采，温厚而又有条理。
⑦ 知远之近，知风之自，知微之显：知道远是由近开始的，知道教化别人是从自己开始的，知道细微之于显著的作用。
⑧ 潜虽伏矣，亦孔之昭：出自《诗经·小雅·正月》。这是一首揭露社会现实的诗。潜，潜藏。伏，隐匿。孔，很，甚。昭，显著，明显。
⑨ 内省不疚：考察内心而不感到惭愧。
⑩ 无恶于志：无愧于心。无恶，这里引申为无愧的意思。志，心。
⑪ 相在尔室，尚不愧于屋漏：出自《诗经·大雅·抑》。相，看。不愧于屋漏，指内心真诚，不在暗中做坏事或起坏念头。屋漏，屋之西北角阴暗处。
⑫ 奏假无言，时靡有争：出自《诗经·商颂·烈祖》。这是一首祭祀祖先时所唱的乐歌。奏假，祷告，祈祷。靡有，没有。
⑬ 不赏而民劝：不必赏赐，而百姓自然相互劝勉为善。
⑭ 铁（fū）钺（yuè）：铁，刀。钺，斧子。
⑮ 不显惟德，百辟其刑之：出自《诗经·周颂·烈文》。这是一首周王在举行封侯仪式上所唱的歌。不显，充分显扬。不，通"丕"，大。百辟，指诸侯。刑，通"型"，效法。
⑯ 予怀明德，不大声以色：出自《诗经·大雅·皇矣》。这是一首史诗，叙述的是周朝祖先开国创业的历史。
⑰ 德輶（yóu）如毛：出自《诗经·大雅·烝民》。輶，轻。
⑱ 伦：比较。
⑲ 上天之载，无声无臭（xiù）：出自《诗经·大雅·文王》。载，事。臭，气味。

【译文】

《诗经·卫风·硕人》中说:"穿着锦绣的衣服,外面又罩上了一件麻纱衣。"这是嫌锦衣的文采太华丽了。因此,君子的道德是素淡的,但却日渐彰明;小人的道德是鲜明的,但却日渐消亡。君子为人处世的道理在于,外表冷淡但内心执着,简易而不失文采,温厚而不失条理。知道远是由近开始的,知道教化别人是由自己做起的,知道细微之于显著的影响,懂得了这些道理,也就进入了圣人的道德境界了。

《诗经·小雅·正月》中说:"潜藏虽然很深,但也会很明显的!"所以君子反省自身而不觉愧疚,无所损毁于心。君子对于一般人来说无法企及的地方,大概就在于君子即使在别人看不到的地方,也能严格要求自己吧!

《诗经·大雅·抑》中说:"看你独自一人在室,是否能心地光明无愧于天。"所以君子不行动也能受人尊敬,不言语也能取信于人。

《诗经·商颂·烈祖》中说:"默默地祈祷吧,现在已不再有纷争。"所以,君子不需赏赐,百姓自然相互劝勉;不必发怒,百姓就像看到刑戮一样畏惧。

《诗经·周颂·烈文》中说:"充分发扬你的美德,各方诸侯就会纷纷效法。"所以君子敦厚恭敬,天下国家就会太平。

《诗经·大雅·皇矣》中说:"我怀念你的光明美德,你从来不疾声厉色。"孔子说:"疾声厉色地去教化百姓,是最拙劣的行为。"

《诗经·大雅·烝民》中说:"美德轻柔如鸿。"这里的德还可以用鸿毛来比拟。《诗经·大雅·文王》又说:"上天运载万物,无声无息,没有气味。"这才是德的最高境界!

【朱熹提示】

右第三十三章。子思因前章极致之言,反求其本。复自下学为己谨独之事，推而言之，以驯致乎笃恭而天下平之盛，又赞其妙，至于无声无臭而后已焉。盖举一篇之要而约言之，其反复丁宁示人之意，至深切矣，学者其可不尽心乎？

【译文】

　　上面一段是第三十三章。子思按照前章所说圣人道德的极致，反过来探求其根本。这一章再从后学立身慎独说起，一直讲到君子敦厚恭敬而致天下太平的盛况，更称赞他们德行的高妙，达到了"无声无臭"的最高境界，然后才结束话题。这大概是举出《中庸》一篇的要点，而加以概括说明。如此反复叮咛以教人的用意，非常深挚恳切的，学道的人难道可以不尽心去领会吗？